To readers in Taiwan:
I'm delighted that this book
has been translated for you to
read, and I hope that the ideas
in it find an echo in your thoughts.

致臺灣的讀者：

我很高興這本書被翻譯成你熟悉的語言，
也希望書中的見解能在你的思想中引起共鳴。

提摩西‧威廉森

# Tetralogue

I'm Right, You're Wrong

**Timothy Williamson**

提摩西・威廉森 著
洪世民 譯

# 目錄 CONTENTS

# 寫給臺灣的讀者——
## 繁體中文版序

提摩西·威廉森／本書作者

很高興臺灣讀者能讀到這本書。我很榮幸曾兩度應臺灣哲學家之邀拜訪臺灣，以哲學為題發表演說。其中一場被地震打斷，不過我不敢妄稱那是因為我的構想有多麼驚天動地。除了享受臺灣人的溫情款待、飽覽壯闊的山脈和峽谷，我也親身體驗了臺灣哲學界的優秀水準。

這本書主要是為一般讀者，而非專業哲學人士寫的。它假設讀者先前沒有研究過哲學，不過，我希望修習過哲學的人，也能在字裡行間挖掘到有趣的內容。

如果要我用一個詞說明這本書在講什麼，那會是「相對主義」。但何謂相對主義？這就是麻煩所在。這個詞沒有精確的定義——雖然很多人以為他們明白它的含意。那麼，為什麼要寫一本主題這麼不清不楚的書呢？

因為它是當代文化和社會中，一股廣泛且影響深遠的趨勢被貼上的標籤。有人認為諸如「所有觀點同樣站得住腳」和「沒有絕對真理」之類的籠統口號就包含相對主義，而我們在酒吧聽到這些話的機率，可能不亞於大學研究室。全球逐漸為相對主義籠罩的一個跡象，就是《對與錯的真相》這本書已經譯為林林總總的語言：日文、韓文、波斯文、亞塞拜然文、土耳其文、法文、德文、西班牙文、義大利文、羅馬尼亞文、克羅埃西亞文，以及現在的繁體中文。目前也有一位劇作家正在改編劇本，如果幸運的話，或許會被拍攝為網路影集系列。而臺灣讀者比我更有資格闡明，相對主義在當代臺灣社會正以哪些形式展露無遺。

很多人受相對主義吸引是因為他們相信，不採納相對主義就是不包容。但我們也可以在前美國總統川普的顧問凱莉安・康威（Kellyanne Conway）所說的「另類事實」（alternative facts）一語中，聽到相對主義的回音。康威是在二〇一七年一月二十二日受訪時，用這個詞來為白宮發言人謊報川普就職典禮參加人數辯護。在新冠肺炎疫情期間，全球也見到清楚區分真偽的重要性；哲學家應積極投入澄清的過程，不該拿相對主義的詭辯來混淆議題、使議題難上加難。

相對主義聽來像個哲學思想，但要加以解釋而不弄巧成拙，或搞到支離破碎，卻出奇困難。我們不能僅把它視為一種理論來評估，因為我們不知道該評估什麼。因此，嚴謹的哲學家一般不願意討論相對主義，除非以非常狹義的形式。但他們仍不斷在教導學生時碰到它。這不是令人滿意的情況。就算相對主義只是一種模糊的思想傾向而非精確的立場，它的影響力也大到值得廣泛的討論。

這個難題讓我想到可以用對話的形式探討相對主義。用這種方式，我可以讓一個人物扮演具有相對主義傾向的角色，就像在「野外」發生的情況，讓其他人物捲入其中，而不是只讓相對主義的「馴化」版本出現。我留給讀者猜測我對書中各個人物有多贊同（有些讀者猜錯唷）。一如現實生活的多數對話，這場對話也未能以充分的融洽和諧收場。

如英文書名《Tetralogue》（四人對話）暗示，這場對話有四個角色，不只兩個。理由是相對主義有一種「二階」的特性。它是在第一階發生意見不合（或明顯分歧）之後才變得切題，例如，針對川普就職典禮的參加人數、或世上有沒有神的看法陷入僵局，兩邊都改變不了對方的意見。這時相對主義進場，做為一種理解僵局的方

法，而反相對主義則是另一條蹊徑。為了不要混淆第一階和第二階的面向，我請兩個角色做為第一階議題的例子，另外兩位人物則示範第二階議題，所以一共四人。

在英文版《對與錯的真相》出版後，一個朋友（美國公共哲學家）告訴我，出版這本書是錯的，因為它可能產生不良政治效應。他對於書中探討的哲學內涵並無異議。他反對的是，在這本給非學界讀者看的作品裡，我批判了許多政治進步派人士（不必要且錯誤地）堅信的哲學思維。他認為我該保持沉默。我不思悔改。雖然如果遭遇一連串不幸的條件，做出好的哲學論證確實可能產生不良政治後果，但這不是正常的情況。長久來看，哲學混淆不大可能為健全的政治價值觀提供穩固的基礎。它反而會給機會主義太多空間，以碰巧符合政客利益的角度重新詮釋。

另外，諸如包容等政治價值不能漫無限制；如果沒有正確理解其基本原理，我們就很難釐清該把界線設在哪裡。保有知識的誠實、拒絕自我審查，哲學家能為政治提供更優質的服務。對哲學家而言，任意揣測政治後果是危險的指導原則。

　　這就是我寫這本書的概略背景。但還有一個相當獨特的起因。二〇一二年夏天，我牛津家花園的圍牆倒了。那件事就成了這本書最初幾頁的靈感，不過沒有人受傷，我們也沒有怪罪鄰居就是了。如果你想知道坍塌的圍牆和它不幸的影響跟哲學有什麼關係，請讀下去囉。

# 歡迎光臨思辨競技場

王一奇／國立中正大學哲學系教授

　　本書是個思辨競技場，讀者可以純粹當個觀眾，也可以進場共同競技。

　　作者威廉森是一位著名的專業哲學家，擔任過牛津大學的邏輯學講座教授。在關於這本書的某個訪談中，作者說到，本書緣起於他與和許多人都有的一個共同經驗，也就是在眾多的人與人對於雙方岐見（disagreement）的爭辯中，各方都提出了自己心中對於論點最強的論證，但卻無法說服對方，整個爭辯因而進入了死胡同（deadlock）。關於岐見的討論在哲學中相當豐富，也相當專業化，而作者寫這本書的目的，正是要透過平易近人的方式，來展現哲學界關於岐見的一些研究面向。本書的重點在於，人們因岐見而產生的爭辯

中，各方往往都有其論證上的預設（assumption），而這些預設其實才是岐見的主要來源。針對這些岐見背後的假設進行進一步的討論，往往才是哲學討論的重要起點。

舉個例子來說，今年四月在憲法法庭所舉辦的「死刑是否違憲」的各方辯論中，對於「死刑有效嚇阻犯罪」的支持與反對雙方，看來是進入了所謂岐見的死胡同，兩邊都難以說服對方。例如，在過往的爭論中，有些反對方認為，支持方預設了「沒有死刑的話，各種犯罪會增加」，但是，並沒有實證科學的依據支持那樣的預設，反對方也舉出相當多的研究，顯示死刑與各種犯罪之間沒有相關性，某些數據甚至顯示，犯罪率與死刑判決和執行死刑數量有正相關；相對地，支持方提出的其中一個論述認為，反對方預設了（沒有）相關性等於（沒有）因果關係，但此預設不成立，而「有效嚇阻」是一個因果關係，因而認定反對方所提出的相關性實證數據，不足以支持死刑沒有嚇阻效果，支持方甚至進一步提出數據來支持死刑嚇阻效果。如果要讓雙方爭議走出死胡同，進一步對兩邊的預設進行深入的探究，是一個可能的方向。

這本書的寫作方式，在威廉森的眾多的出版著作中是獨一無二的。威廉森在訪談中說到，本書內容以對話的形式來展現，有其重要的哲學目的。常見的哲學寫

作，會看到作者對某個主張進行辯護或是反駁，但這樣的內容表現形式，隱約會讓人對於哲學工作有所誤解，錯誤地認為那是對於某個論點的線性論述。而以對話的形式來展現哲學內容，像是古代中國的《論語》及《孟子》，以及古希臘柏拉圖的著作《理想國》等等，突顯了哲學工作中對於不同議題是如何進行論辯，不但與一般日常生活中產生的爭辯更為接近，也展現哲學討論中如何追究各個論點背後的假設、優勢與弱點，以及進入細節的各方攻防策略。

在這本環繞四個人在火車上對話的書中，作者用了幾個相當生動的例子，探討多個進入論述死胡同的哲學主題，包括：科學是否在知識上有優越性？區分真假是否有必要？道德對錯是否為相對？等等。而這本哲學小書的結論是開放的，作者並未明顯地辯護特定的立場或結論，展現的是對話者在進入論辯死胡同後，如何能進一步地進行爭辯。這些對話者探究對方論點背後假設及理據，以試圖駁倒對方；然而，也有對話者死皮賴臉堅持己見，或刻意曲解對方的觀點，更有人訴諸權威企圖壓倒對方。不同形態的論辯方式及過程，在本書都有著相當豐富的展現，讀者必能從中見識到爭辯過程中的峰迴路轉，閱讀此書的樂趣之一便在其中。

　　而正因為這本書的結論是開放的，或許更值得和各位分享幾個閱讀的方法。這些是參與這個思辨競技場的不同策略，可帶來不一樣的思考及樂趣。

(1) **發現自己所支持的立場**：閱讀本書的時候，在多個針鋒相對的立場中，各位想必能發現自己所支持及反對的立場。想想自己如何能比書中對話者更好地辯護支持的立場，以及提出更好的論證反駁別人的立場。

(2) **反對所有的立場**：這聽起來有點奇怪，好像是為反對而反對，甚至要反對自己支持的立場，是不是有點矛盾？確實如此，但這是哲學討論中常用的一個促進思考的論辯策略。透過這個策略，當別人對你的反對意見有所回應時，你便能有所收穫；當你在自己支持的立場使用這個「反對」策略時，你也能看到別人是怎麼為其辯護的。

(3) **選一個最弱的立場加以辯護**：在閱讀的過程中，選擇一個看似最弱的立場來辯護，面對來自四面八方的猛烈挑戰，嘗試以一擋百，鍛鍊自己的論述力。

　　以上幾個策略，反映了哲學界在教學以及研究上的戰略性指南，強調重要的不是結論，甚至不要相信自己

在直覺上覺得對的結論，而是你如何論證某個結論。

最後，即使威廉森沒有在書中明確表達自己的立場，我希望和各位分享他在著作《哲學的哲學》（*The Philosophy of Philosophy*）中，對於哲學的一個看法，做為威廉森對書中各種議題的不明顯立場。

> 對哲學來說，嚴謹 (rigor) 與深奧 (depth) 都重要。對於嚴謹度的不斷主動追求，是達成嚴謹的一個好方法；但對於深奧的刻意持續追求 (就像是對於快樂的刻意持續追求)，很可能會適得其反 (self-defeating)。在進行哲學工作時，比較好的方式，是專注在說點真的東西，而把深奧留給它自己。

或許最好的哲學工作成果，是利用嚴謹而求真的方法，得到深奧或有深度的結論。然而，嚴謹與有深度不見得總是可以兼得，他非常不樂見以不嚴謹的方式達成有深度的結論，因為這樣的結論是冒著為假的風險，而有深度的假不只沒有好處，而且是相當危險的。對他來說，以嚴謹的方法求真為基礎，往有深度的目標邁進，才是恰當的哲學工作方式。從他對嚴謹與深度的輕重之

分中，或許顯現出，他對這本小書中的某些立場是有偏好的。至於是對哪些立場有偏好，就留給讀者去發現吧！

# 在沒有標準答案裡尋求更好的答案

周詠盛／哲普作家、國立臺灣大學哲學博士

　　我協助過許多思辨營隊，也曾在多所高中講過思辨課。常用做法是，把一個議題鋪陳清楚、釐清幾個爭議焦點後，再詢問大家是否同意、持什麼理由。這方法頗受好評，大多數人喜歡自由發言、不帶壓力的討論空間。

　　一切都看似很好，直到有一天我發現，很多人會產生這樣的直覺認知：哲學就是沒有答案。

　　這句話有對有錯。若採取善意理解，哲學的確常常討論「不容易得出標準答案的問題」，或說常常挑戰人類理性的知識邊界；但在另一方面，哲學內部的辯論可以非常激烈，常花很多心力在替自家主張辯護。綜合起來說便是，我們承認哲學問題不容易有絕對正確的答案，但希望大家抱持著「一定能出現更佳觀點」的心情，來

看待整個討論過程。當然，專心聆聽他人的不同觀點與想法，其實已經相當有益，但能得出明確共識更好。

從這個角度來看待《對與錯的真相》（以下簡稱「本書」），應該會非常有趣，因為四位角色的往來辯論，似乎也沒有得出什麼標準答案。那麼，最終他們得到了什麼，或展現了什麼呢？

事實上，徹底說服對方並不容易，尤其在挑戰人們根深蒂固的信念時。《莊子‧齊物論》裡有段話說：假設我們兩人辯論而你贏了，但你就一定對、我就一定錯嗎？如果我贏了，我就一定對、你就一定錯嗎？有沒有可能在旁人看來，我們都對或都錯呢？論定對錯的標準，最終在誰身上呢？

有些學者認為這是相對主義，也就是本書裡經常出現的詞。比較口語的表述是：不同人或不同文化會有不同觀點，它們之間沒有優劣高低可言；再詳細點說就是：任何主張都來自於某種判斷標準，如果不存在絕對正確的判斷標準，也就不存在絕對正確的主張。

在一個價值多元的時代，相對主義易受歡迎，因為它容許諸多觀點同時存在，就算彼此互斥也沒關係。但大致說來，哲學比較相信真理越辯越明，或至少是要求一種可行性高的共識，在公共政策上尤其如此。

　　這兩者之間，有沒有辦法取得平衡呢？一種常見答案是，就算不能徹底說服對方，或一時間難以判斷孰是孰非，至少我們可以把自家理據通通擺出來，供大家一同參考或檢驗。雖然現實中常不完美，但這的確是民主社會順利運行的重要特徵：盡量資訊共享、釐清可能觀點，並期望未來可以取得共識。

　　遺憾的是，現實中人們不會花太多心思理解敵對觀點，若是在網路上，更常只看標題不看內文，就丟下一句「笑死」、「這樣也行」之類的評論。所以本書作者的巧思之一，就是讓四位角色坐在同一輛列車裡，只要還沒到站，就必須面對彼此差異，而不能乾脆扭頭就走。也許這正是一種隱喻：社會是輛持續前行的列車，只要大家有共同目的地，就一定能有某種相互理解的基礎。

　　不過，我曾聽很多學生反應：自己想要認真討論一點東西，但朋友們平常更喜歡名人八卦或奇聞怪談，而不太習慣先針鋒相對、再各退一步。也有人直白地說，對於各式社會案件，大家好像很容易被標題或隻字片語帶風向，而無意去深入瞭解其中的複雜性。相信大家都同意，這類狀況需要更多改善，但具體要怎麼做？

　　在我看來，閱讀本書就有助於培養一種精神：承認信念差異，分享更多資訊，思考最佳版本，尋求長遠共

識。無論是對社會或對個人，我們都需要這種溝通協商、問題解決的素養。

首先，本書當中的幾位角色，一開始都極力爭辯，想要證明自己的「對」或「好」，但在發現對立觀點其來有自時，則會開始承認侷限：「我希望我每一個信念都是真的，但不可能我所有信念都是真的。」每個人心中都有測量對錯好壞的一把尺，但並非所有人都願意拿它出來展示，而本書鼓勵我們：這類對話難免突顯自己的不足，但先承認自己可能有所不足，才能接受他人提供的更好觀點。如此一來，公共討論才會更有建設性，個人認知也才更有拓展空間。

承此思路，我們也不妨將本書視為一種對話練習，設身處地去想：當我要挑戰他人信念時，有沒有更好的表達方式呢？當別人挑戰我的信念時，有沒有更好的回應方式呢？在面對類似情境時，我們能做得比書中角色更好嗎？有哪些可能的選項？也就因為如此，與其說哲學就是沒有答案，一個更完整的說法是，哲學總在沒有標準答案裡尋求更好的答案。

隨著各式思辨課程、書籍的出現，希望大家能更為熟悉上述精神，更去尋求良好的討論場域，或是找到願意如此討論的夥伴們。以此推薦本書給各位讀者。

「想想所有現代科學的證據，
　那可以解釋好多事情。
　有什麼證據可以證明巫術是起得了作用的？」

# 調解的危險

「不同的觀點為什麼不能互相合作，代替競爭呢？」

**莎拉**：等會兒我一坐下來就要寫申訴信。沒有人帶頭，這世界就不會進步。「車廂裡塞太多人是很可恥的事……應該要用科學方法來預測乘客人數。」那裡有位子。噢，是鮑勃──這也太巧了！

**鮑勃**：莎拉，午安。

**莎拉**：我們多久沒見了！啊──你的腿！好可憐，怎麼會這樣？

**鮑勃**：我家花園的牆倒塌了。當時我正在牆邊種花，牆突然壓到我腿上。石膏得打好幾個月呢。

**莎拉**：太慘了，真替你難過。

鮑勃：我很少去我家花園的那一塊地。難得去一次，牆
　　　就倒了。

莎拉：真倒楣。

鮑勃：這跟倒不倒楣沒關係。

莎拉：怎麼說？

鮑勃：還記得住我隔壁的那個老太婆嗎？她最近惡毒地
　　　看了我好幾眼。

莎拉：你可能誤會了。她感覺對我相當和善，我慈善勸
　　　募的時候她也都會捐助。總之，她跟你花園圍牆
　　　倒塌有什麼關係啊？

鮑勃：關係可大了。

莎拉：你到底在說什麼？

鮑勃：她一直不喜歡我，一定是趁我在那裡的時候讓牆
　　　倒塌。對她可真方便呢。

莎拉：你該不會在暗示是她把牆推倒，壓在你身上吧？
　　　我完全無法想像她會幹那樣的事。何況她那麼弱
　　　小，推不倒牆的。

鮑勃：我可沒說是她把牆推倒。

莎拉：那你的意思是？

鮑勃：我見過她喃喃自語。

莎拉：每個人都有自言自語的時候。

**鮑勃**：那不是一般的自言自語，是別有目的的。

**莎拉**：她說了什麼？

**鮑勃**：我聽不到，但肯定不是什麼好話。

**莎拉**：你把我搞糊塗了。

**鮑勃**：牆倒下來的時候，她急忙跑進她自己的花園裡查看，像是在確定牆真的倒在我身上。當然，她假裝很擔心。她得叫救護車，否則事情就太明顯了。

**莎拉**：所以囉，你剛也說了，牆倒的時候她人在她的屋子裡。倒塌時一定發出了轟隆巨響，任誰都會跑出來看發生什麼事的。我相信她跟你一樣吃驚。

**鮑勃**：有很多方法可以遠距離讓牆倒塌。

**莎拉**：用炸藥嗎？但那也太荒謬了吧。

**鮑勃**：是言語，強而有力的話語。

**莎拉**：噢，她是可以叫別人把牆推倒的，但你應該會看到共犯才是。

**鮑勃**：言語還有其他運作的方式。

**莎拉**：聽起來你好像在講咒語什麼的！

**鮑勃**：我就是在說這個。

**莎拉**：拜託喔，鮑勃，都二十一世紀了，我們知道那種東西是起不了作用的。就算你的鄰居也以為她有對你的牆下咒——這我確定她沒有，顯然也跟圍

牆倒塌的真正原因無關。

鮑勃：那真正的原因是？

莎拉：那道牆看來要倒不倒有段時間了。上面的磁磚破舊不堪，所以雨水很容易跑進去，滲入裡面的牆壁，很多地方的砂漿也流失了。遲早都會塌的。

鮑勃：好，那為什麼偏偏選我在旁邊種花的時候坍塌？請解釋。

莎拉：牆為什麼剛好在那個時間塌，一定有百分之百純科學原因可以解釋。腐爛是平凡的物理過程，腐爛再腐爛，就會達到倒塌的臨界點。你只是很不幸的，碰巧決定在那個緊要關頭種你的花。

鮑勃：「碰巧」！那可沒有解釋到什麼。

莎拉：假如我們夠詳盡地知道所有精微的初始條件——

鮑勃：什麼意思？

莎拉：意思是可以描述在牆倒塌前，你的牆、你的腦和周遭一切事物的所有粒子和力場。假如我們知道那些，配合物理學定律，就可以用科學來解釋為什麼兩件事情會在同一時間發生。沒有什麼謎團。

鮑勃：<u>科學可以解釋巧合，這話說起來簡單。但妳其實沒有提出任何科學解釋，妳只是宣稱有科學解釋。</u>

莎拉：這不公平！你不能指望西方世界所有科學資源，

都被集中用來解釋你園子裡的牆為什麼會倒。我又沒那麼武斷，只是我們沒有理由懷疑原則上可以提出科學解釋而已嘛。

鮑勃：妳希望我相信科學解釋？妳知道，妳也不是什麼都懂。我來給妳一個解釋（不可以講太大聲）。我的鄰居是女巫。她恨我入骨，她對我的牆施了巫術，下了咒語，要在我下一次人在牆旁邊時倒塌。這絕非巧合。就算妳有妳寶貴的科學解釋，原子分子什麼的，也只是技術細節。那沒辦法解釋為什麼兩件事情剛好會在同一時間發生。唯一合理的解釋是巫術。

莎拉：你沒有解釋你鄰居的喃喃自語是怎麼讓牆倒塌的。

鮑勃：誰知道巫術是怎麼運作的呢？不管那如何運作，那個老巫婆的惡意就是牆會趁我在旁邊時倒塌的原因。不管怎樣，我敢說妳也沒辦法解釋，我下定決心要種些花的念頭，是怎麼讓我的腳真的動起來，帶我走進花園的。

莎拉：科學家早晚可以解釋像那樣的事情。過去幾年，神經科學已經有長足進展，發現腦和神經系統是怎麼運作的。

鮑勃：妳對現代科學深信不疑，當然這麼說囉。我也敢

　　說專業女巫已經可以解釋咒語的運作方式了。但她們不會到處張揚，因為那太危險了。我為什麼該相信現代科學勝過巫術呢？

**莎拉：**想想所有現代科學的證據，那可以解釋好多事情。有什麼證據可以證明巫術是起得了作用的？

**鮑勃：**我園子裡的圍牆就是啦。

**莎拉：**不，我說的是真正的證據，比如在對照實驗中有顯著差異的結果，和科學提供的其他可靠資料形式。

**鮑勃：**妳知道以前女巫是怎麼遭到迫害，或得到應有懲罰的吧。很多人受嚴刑拷打，然後活活燒死。要是她們太過招搖，讓力量太過明顯，做出可能在法庭上被證明的事，這種悲劇就可能再次發生。妳覺得她們會重蹈覆轍、再次讓自己萬劫不復嗎？反正啊，巫術在科學圈子裡又不流行，有多少科學家願意冒著賠上學術聲譽的風險認真研究巫術，測試巫術是否起得了作用呢？

**莎拉：**現代科學都把人送上月球了。巫術做過什麼稍微可以媲美的事情嗎？

**鮑勃：**大家都知道，那段傳說中人類登陸月球的影片是在地球上的攝影棚拍的。省下來的錢都花到軍事上了。更何況，誰說巫術不曾把女性送上月球？

<u>理所當然地認為沒有，難道不是犯了知識分子所謂
的「預設前提」的謬誤嗎？</u>

莎拉：真不敢相信我正在進行這樣的對話。科學期刊裡
　　　滿滿支持現代科學理論的證據，你是真心想一概
　　　否認嗎？那些證據不都不利於巫術？

鮑勃：我們怎麼知道所謂的證據有多少是真的？最近好
　　　多科學家偽造研究成果的醜聞哪。大家都知道，
　　　被抓到的只是冰山一角。

莎拉：好，如果你願意，看看你身邊各種成功的技術
　　　吧。你正坐在火車上，我也看到你有筆記型電腦
　　　和手機。想想這些東西裡面都注入多少科學。你
　　　可別告訴我，那些是靠巫術運作的唷？

鮑勃：很多現代科學和技術本身都有美好之處。謝天謝
　　　地我是坐救護車去醫院，不是騎掃帚。但這不代
　　　表什麼都可以用現代科學解釋。

莎拉：如果現代科學本身有美好之處，那支持現代科學
　　　的證據不就是不利於巫術的證據，就像我剛才說
　　　的那樣？

鮑勃：不盡然吧。妳似乎認為現代科學意味著巫術起不
　　　了作用。<u>妳口中所說的那些科學理論，對於女巫
　　　都沒有直接相關的說法，不管是支持或是反對。就</u>

好像科學對政治人物也沒有直接相關的支持或反
對，但那不代表現代科學意味著政治宣傳起不了
作用。為什麼巫術就該不一樣？

莎拉：巫術不就是運用現代科學不知道的力量，來干預
科學的預測嗎？

鮑勃：那些可能是現代科學不知道的力量，但現代科學
有自稱它什麼都知道嗎？巫術甚至可以按照科學
法則運作，利用科學來達到目的。搞不好巫術也
幫助科學預言成真。

莎拉：原則上或許不能排除那種可能，但實際上，**要是
巫術真的有用，現在我們不是應該已經有更好的
證據了嗎？**比方說，會不會有哪個女巫屈服於誘
惑，上電視表演巫術賺錢之類的？想想看，如
果電視臺宣布今晚現場節目將有某個名人變成青
蛙，收視率會有多高！

鮑勃：就算有女巫這麼做，多數觀眾仍會覺得那只是某
種戲法。老實說，我不確定巫術在那種情況下有
沒有辦法運作。魔法或許會自我保護，不得公開
亮相。那不是給每個人看的。

莎拉：這種說法未免太方便了。你一直在為巫術缺乏證
據辯解。我們這樣說吧，有龐大的證據支持現代

29

科學，而沒有任何嚴肅的證據支持巫術。大家都知道，在史上絕大多數被指控為巫術的案例，被指控的人都是貧窮、無辜的老婦人，她們的鄰居因為沒有給予施捨而感到內疚，索性告發她們；也有些是民間治療師，因為沒治好客人的孩子或類似的事情就被客人針對。你不能指望我相信十六、十七世紀那些在酷刑下的口供都是真的。要解釋那種現象，假設巫術是捏造的東西不是最單純嗎？

鮑勃：單純不代表事實。妳說得沒錯，很多人們口中的女巫其實不是真的女巫。也許絕大多數都不是。有些性欲衝動的中產階級女性喜歡三更半夜一絲不掛晃來晃去，她們絕對是假貨。但這不代表世上完全沒有真的女巫。說自己聰明的人都不聰明，儘管如此，有些人是真的聰明，聰明到不會說自己聰明。我和其他人都發生過太多我知道除了巫術以外沒辦法解釋的事情。當我檢視證據，真相顯而易見——世上有名副其實的女巫。我家隔壁的老太婆就是，看看我的腿就知道了。

莎拉：你是只相信巫術，還是也相信其他形形色色的迷信呢？

鮑勃：「迷信」！我是從個人親身經歷知道巫術這回事，可不是別人告訴我或在書裡讀到的。對於我沒有經歷過的事，我會要自己敞開心胸。

莎拉：「敞開心胸」！你剛剛不就已經用你先入為主的想法來解釋你的經驗。你扭曲了你花園圍牆的故事來配合你想做的——找代罪羔羊，把你的噩運歸咎於鄰居老太太。

鮑勃：「扭曲」！你沒看到那老太婆臉上的表情。她是大騙子。

莎拉：跟你爭論一點意義也沒有。什麼都不能動搖你對巫術的信仰！

鮑勃：有什麼事情可以動搖妳對現代科學的信仰嗎？

"
要是巫術真的有用，現在我們不是應該已經有更好的證據了嗎？
"

查克：先生、小姐，不好意思，我坐在這裡，忍不住偷聽你們講話。你們兩位似乎越講越不高興，說不定我可以幫上忙。恕我直言，兩位都對對方採取

　　　　 那種高人一等、「我是對的、你錯了」的態度。

莎拉：可是我的確是對的，他確實是錯的。

鮑勃：鬼啦。我才是對的，她錯了。

查克：瞧，僵持不下。我猜啦，你們兩位顯然都沒辦法
　　　確切證明對方是錯的。

莎拉：或許此時此地，在這班列車上不能，但我們就等
　　　著看科學如何發展——想要給科學設限，認為科
　　　學有什麼辦不到的人，最後通常都會被打臉。

鮑勃：妳就等著嘗嘗當咒語的受害者是什麼滋味吧。想
　　　要給巫術設限，認為巫術有什麼辦不到的人，最
　　　後會比被打臉還悽慘。

查克：不過，從兩位各自的觀點來看，兩位都相當正
　　　確，不是嗎？請問妳——

莎拉：莎拉。

查克：莎拉，很高興認識妳，我叫查克。從現代科學的
　　　觀點來看，莎拉的說法十分合理。請問你——

鮑勃：鮑勃。

查克：鮑勃，很高興認識你。從傳統巫術的觀點，你的
　　　說法也完美無瑕。現代科學和傳統巫術是不同的
　　　觀點，就其本身的主張而言，都站得住腳，也同
　　　樣可以理解。

莎拉：或許同樣可以理解，但不是同樣**真確**（true）。

查克：「真確」，莎拉，這是個非常危險的詞。當妳從這
　　　面窗子欣賞美麗的鄉村風光，妳會堅持妳看到的
　　　是對的，而透過火車另一側窗子看風景的人，看
　　　到的是錯的嗎？

莎拉：當然不會，但這個比喻並不恰當。

查克：怎麼個不恰當法？

莎拉：我們透過窗戶看到的東西不一樣，是因為我們往
　　　不同的方向看。但現代科學和傳統巫術概念是看
　　　著相同的世界，而說著互不相容的東西，比如
　　　是什麼導致鮑勃的牆倒塌。如果一邊是對的，那
　　　麼，另一邊就是錯的。

查克：莎拉，是妳讓它們不相容，因為妳堅持一定有人
　　　是對的，而一定有人錯了。之所以有那種評斷的
　　　言論，是因為我們以為可以採用上帝的視角來評
　　　斷其他每一個人。但我們只是人。像那種事情，
　　　我們沒辦法針對彼此來評判絕對的是非對錯。

莎拉：查克，但你的意思不就是，我和鮑勃認為現代科
　　　學和巫術這個爭議的答案有對錯，所以我們都錯
　　　了，而你說答案沒有對錯才是對的嗎？這麼一
　　　來，你不就自相矛盾了。

查克：<u>我只是說你們兩位從各自的觀點來看都是對的。</u>而你們這樣出言評斷彼此，對事情沒有幫助。

莎拉：你不就正在出言評斷我們兩個？

查克：莎拉，我沒有評斷任何人，我只是想幫忙。

莎拉：噢，我也是在幫鮑勃的忙啊，所以我才跟他解釋，不必擔心隔壁鄰居對他施咒。現代科學可以給我們的幫助比巫術要來得多。

鮑勃：現代科學可以怎麼幫助我對抗咒語？

莎拉：透過向你證明你沒有咒語要對抗。

查克：莎拉，妳沒看到嗎，鮑勃正從巫術的觀點得到幫助？這件令人震驚、痛苦、麻煩的事情發生在他身上：牆意外坍了，壓到他的腿。當不幸看似莫名其妙地發生時，特別難以承受。透過採取巫術的觀點，鮑勃努力理解他的不幸。這對他是有意義的，而——鮑勃，請容許我這麼說——你看起來挺振作的。如果鮑勃採取現代科學觀點——那只是隨機、毫無意義的意外災禍——就無法理解自身的不幸。莎拉，妳跟我又怎能反對他採納傳統巫術觀點呢？此時此刻，那給他的幫助或許比現代科學來得大。

莎拉：好在我們整個社會沒有採納傳統巫術信仰的觀

點。不然，一旦鮑勃檢舉，就會害那無辜的老婆婆被活活燒死。

**鮑勃**：無辜？那我的腳呢？

**莎拉**：女巫審判是我們社會不需要的那種「幫助」。現代科學已經帶我們脫離那種迷信，讓我們能夠更理性、基於實證來處理問題。我們對事情的瞭解，好過那些焚燒女巫的人。

**查克**：我也不想焚燒女巫，莎拉。那些獵巫者就是用我剛才批評的方式評斷他人。但研究女巫審判的史學家必須理解獵巫者的觀點，否則就無法理解發生了什麼事。獵巫者並不認為自己被不理性的迷信支配。

**莎拉**：他們顯然不這麼認為，但他們還是被不理性的迷信支配。

**查克**：莎拉，妳研究過十七世紀的女巫理論嗎？

**莎拉**：我不必研究。

**查克**：他們有自己一套複雜的邏輯。莎拉，妳有什麼權利堅持其他每個人都要採取妳的觀點，尤其妳又沒有花過心思瞭解別人的替代觀點究竟是什麼？

**莎拉**：那不只是我的觀點，那是現代科學的觀點，也是目前世界上最好的觀點。有一種東西叫進步。今

天的法庭已經接受 DNA 檢測的證據。你認為他們應該接受浸水刑凳等諸如此類傳統巫術檢驗得來的證據嗎？

查克：這個嘛，莎拉，我個人觀點不認同。

莎拉：那麼，從你個人觀點來看，差別在哪裡呢？法院為什麼該接受基於現代科學理論的證據，而不該接受基於傳統巫術思想的證據呢？

查克：莎拉，在我們的社會，<u>現代科學理論遠比傳統巫術思想受人尊重許多</u>。

莎拉：我不是問你為什麼某些種類的證據會被法院採納，而其他證據不會。我是問你為什麼它們應該被採納。

查克：莎拉，在任何社會，像法院這樣的公共決策團體需要普遍的可信度才能徹底發揮作用。他們必須被民眾視為具有正當性。如果他們的決策沒有被看作具決定性，社會就會陷入混亂。要是法院採納的證據是以社會聲望低的理論為基礎，或是不採納基於高聲望理論的證據，就會失去可信度。

莎拉：所以如果傳統巫術信仰重新贏得高聲望，法院就該採納以這種信仰為基礎的證據囉？

查克：現在，我們不屬於巫術信仰具有高聲望的社會。

那種社會的法律程序是由它的成員決定，不是我們。不管是好是壞，傳統巫術信仰碰巧在當今社會聲望不高。

**鮑勃：**那不代表它們是假的。

**查克：**這我同意，鮑勃。

**鮑勃：**法院如果開始認真看待巫術，說不定會做出更好的判決。

**查克：**你的「更好」是什麼意思呢，鮑勃？

**鮑勃：**給更多有罪的人判罪，少點清白的人被冤枉。

**查克：**可是，如果不是有公信力的法院，還有誰有資格決定誰有罪、誰清白呢？

**鮑勃：**法院的判決不可能出錯嗎？

**查克：**這個嘛，是有些判決在上訴後被推翻。

**鮑勃：**我不只是說這個。假設我家隔壁的老太婆今天因為害我受重傷而被起訴，她絕對不可能被判罪。我沒辦法針對那無罪的判決提出上訴。但我們都知道，她根本連被起訴都不可能，更別說判罪了。可這些都不代表她沒有犯罪。

**查克：**誰能判定她是否害你受重傷呢，鮑勃？你不能擔任你自己案件的法官和陪審團，你的鄰居也不能。

**鮑勃：**我不想當法官。我只是認為，如果法院對於他們

<u>可以採納哪些種類的證據，心胸沒那麼狹隘，也沒那麼拘泥法規，會把工作做得更好。</u>

莎拉：法院不就是要依法行事嗎？

鮑勃：妳知道我的意思。以往，法院沒有採納DNA證據。妳一定認為他們現在做得比以前好吧，莎拉。

莎拉：當然。

鮑勃：如果他們採納以傳統巫術知識為基礎的證據，會做得更好。但我覺得他們不會，除非有更多有權有勢的人——不只是像我這樣的凡夫俗子——再一次開始重視那些知識才有可能。查克，你覺得需要什麼條件，才能讓我們的社會像過去那樣尊重巫術存在的現實呢？

查克：這個嘛，我想，如果學校教授那些信仰給孩子，也有頂尖大學進行研究，久而久之應該會被廣泛接受。當然，它們得用現在教導現代科學理論的教法，而不只是當成古代人曾經相信、或某些俗稱「原始社會」的人民至今依舊相信的古怪信仰。

鮑勃：那樣才公平。人民可以自己決定要對巫術抱持何種看法，不會被那些無知的故事嚇倒。

莎拉：鮑勃，假如我有你這些看法，我會寫信給報紙，要求學校教導所有孩子有關巫術的事，也會要求

大學進行研究，就像現代科學一樣。當然，我不
會參與連署。我徹徹底底反對這項提案。

**鮑勃：**這主意不錯。查克，你會參與連署嗎？

**查克：**呃，不會。

**鮑勃：**為什麼不會？

**查克：**我個人不會從巫術的角度思考。我不覺得那些詞
彙有用。

**莎拉：**如果由我幫鮑勃設想如何寫信，我不會要求學
校廢除現代科學理論教學，也不會要大學停止研
究，只會要求教授傳統巫術信仰和現代科學理論
的時數及經費相等。查克，從你的觀點，那有什
麼好反對的呢？

**查克：**學校沒有時間什麼都教。既然對我們的社會來
說，現代科學理論比傳統巫術信仰重要，教育體
系將現代科學理論列為優先，不是合理的嗎？

**鮑勃：**照你前面所說，**如果今天在我們的社會，現代科
學比巫術來得風行，是因為學校對待兩者有所差
別，而你現在的意思是，當年學校教給我們什麼，
我們就該教孩子什麼，這樣豈不是惡性循環？**更
何況，你怎麼知道今天巫術對我們的社會不重
要？如同我試著向莎拉說明的，現在還有很多事

情，唯有用巫術才能恰當解釋。如果百姓仍因巫術蒙受傷害、疾病、不幸，甚至死亡，這難道不足以讓巫術重要到在各級學校教授嗎？

查克：鮑勃，你是發自內心希望教育體制做出這樣的變革嗎？

鮑勃：當然不是馬上。或許五十年。如果這是好的變革，我為什麼不該為它奮戰到底？

查克：鮑勃，你怎麼定義「好的變革」呢？

鮑勃：請自己定義。你會用這樣的拖延戰術來對抗廢奴運動人士嗎？當他們說那是好的變革，你會叫他們定義何謂「好的變革」嗎？照你的話說，如果「從我的觀點」來看，教導所有孩子巫術是好的變革，那我為什麼不該為它奮戰到底？

查克：我不會阻止你啊，鮑勃。

鮑勃：可是你會幫助我嗎？

查克：也不會。

鮑勃：為什麼不會？

查克：我已經告訴過你了，鮑勃，從我的觀點來看，那不是好的變革。

鮑勃：你一開始打斷我跟莎拉的辯論時，我還以為你想幫我對抗她的知識傲慢。

莎拉：你太過分了！

鮑勃：好啦，如果妳不喜歡這個措辭，就改稱高等教育好了。查克，我原本就不認為你真的相信巫術，只是覺得你對它持開放態度。現在我明白，你跟莎拉一樣對它抱持成見。

莎拉：這話不公道！我不相信巫術是基於實證和理性，而不是成見。

鮑勃：隨便妳怎麼說，反正妳沒有認真看待巫術。我要說的是：一開始我以為查克比妳認真，現在我明白他沒有。

查克：鮑勃，<u>我非常認真地把巫術當成一種觀點看待，就像我非常認真地把現代科學視為一種觀點。</u>

鮑勃：你的意思只是你知道世上有像我這樣的人相信巫術，知道以往有更多人信、而現在有些國家仍然相信罷了。

查克：就像我也知道有像莎拉這樣由衷相信現代科學的人，還有這樣的信仰在多數社會已經極具影響力。

鮑勃：所以你對現代科學的態度，比你對巫術的態度多了一點東西。

查克：我不懂你的意思。

鮑勃：想像一下，你開始感覺非常不舒服。我希望你不

會這樣，但天有不測風雲。你等了兩天，情況沒有好轉。你去看醫生，他幫你轉去專科醫師，專科醫師基於現代醫學安排了各種花俏的檢驗，看了結果，判定你生了什麼病，也基於現代醫學告訴你得吃什麼藥、接受什麼樣的治療，才會感覺比較舒服，甚至救你一命。你會遵照醫囑，對吧？你不會去找懂巫術的睿智女性，照她的建議去做。

查克：我承認我是典型的西方白人男性。和我有同樣觀點的人信任現代醫學勝過傳統以巫術為主的療法。但我承認你的觀點不同，而我同樣尊重。

鮑勃：**如果同樣尊重不代表同樣信任，又有什麼用？**

莎拉：等一下，鮑勃，你腿上的石膏是在普通醫院打的吧？你沒有去找懂巫術的傳統睿智女性，對吧？醫院的醫師是受現代醫學訓練，而不是巫術。你確定你有勇氣做你自己認為對的事嗎？

鮑勃：我還能怎麼辦？沒錯，我是在地區醫院接受治療。它的名聲不算太糟。我是在開往醫院的救護車上才思考發生了什麼事。那時我突然想到，都是隔壁那個老太婆的錯，但一切都來不及了。我可以告訴妳，我很擔心，尤其救護車又是她叫的。我不知道開車的究竟是誰，以及車子到底要

載我去哪裡。而我的腳傷成那樣，救護車又開那
麼快，根本沒有逃脫的希望。但我不認為她希望
我死。如果我死了，警察就會過去四處窺探，問
一些令人尷尬的問題。她不會想要被警察刺探。
反正，我一出院，就一跛一跛地去找我認識的睿
智女性了。她在石膏上塗了特殊的藥草，保護它
抵抗老太婆企圖施加的咒語。藥草功效卓著，她
也給我特別的軟膏抹在身體其他疼痛部位。我用
那代替醫院開給我的止痛藥，很快就覺得舒服多
了。那名睿智女性很了不起。我背痛許多年，醫
生都束手無策。但她給我一個小袋子掛在脖子
上，隔天早上背痛就消失了，從此沒有再復發過。

**莎拉：**安慰劑效應。

**鮑勃：**管它什麼效應，有用就好！現在，我碰到疑難
雜症常去請教她。她給了我很大的幫助。她告訴
我，醫院幫我的腿做的治療不會造成傷害，因為
咒語是下在牆上，不是我的腿上。去年她叫我別
再看電視，因為那會害我頭痛。所以我戒掉電視
了，而我也真的幾乎不會頭痛了。

**莎拉：**你找她服務有付費嗎？

**鮑勃：**她從沒開口要錢。我每次都會帶個小禮物給她，

只是出於禮貌。她治好我背痛的時候我有給她一些錢。她不肯收，但我堅持要給。

莎拉：我道歉，鮑勃。抱歉我曾經懷疑你的真誠。原來你是真心相信那種東西，而且以實際行動支持。而查克，你得承認，雖然你也尊重傳統民俗療法，但還是更信任現代科學的醫學。

查克：莎拉，我相信某些傳統民俗療法是滿有效的。

莎拉：說相信是一回事，離真的去找傳統睿智女性、遵照她的建議而不是醫生吩咐還付她錢，差得可遠呢。

查克：莎拉，我從來沒有說傳統民俗療法對我跟現代醫學一樣有效。我只是不會隨便告訴別人他們該採用哪一種醫學。我尊重每一種醫學類型，把它們看作真實生活方式的一部分。

鮑勃：你去找過睿智女性嗎？

查克：我有時會去找一個女醫師看我的糖尿病。我認為她相當睿智。

鮑勃：你知道我不是在說那個。你去找過瞭解巫術、也知道怎麼幫你防範巫術的女性嗎？

查克：沒有，沒找過。

鮑勃：你怎麼知道你們所謂的糖尿病不是巫術造成？你們的醫生治不好糖尿病，對吧？

查克：對，鮑勃，當然沒治好，我們不能指望糖尿病能
　　　治癒。但醫生幫助我控制病情，已經非常有用了。

鮑勃：如果是巫術引起的，我那位睿智的女性或許可以做
　　　得比醫生好。我手機裡有她的電話號碼，我現在就
　　　打給她，解釋情況，然後把手機給你跟她約時間。

查克：不用了，謝謝。鮑勃，你人真的很好，但我覺得
　　　我不會找她。

鮑勃：為什麼不呢？你起碼可以讓她試試看。如果你不
　　　喜歡她的建議，不要做就好──雖然你可能鑄下
　　　大錯。你的病滿嚴重的，讓你的生活充滿困難且
　　　危險。你的醫生治不好，為什麼你還完全不想嘗
　　　試替代療法，就算那說不定真能消除你的病痛？
　　　你怎麼知道那沒有效呢？如果你不想付她錢，就
　　　不要付。

查克：不是錢的問題，鮑勃。從我的觀點來看，那就不
　　　是什麼有希望的建議。

鮑勃：在我看來，**你說尊重我的觀點，只是講好聽話罷
　　　了**。你沒有當真，連做個舉手之勞看看那是否好
　　　過你的觀點都不肯，就算那或許能救你一命。你
　　　不是真的認為有那麼一點可能是巫術害你生病。
　　　如果你真的這樣認為，就會有截然不同的行動。

我還比較欣賞莎拉排斥我的信念的方式，她甚至沒有假裝尊重，她明白表現她的不認同。並直接跟我辯論，針鋒相對。她起碼夠認真看待我的觀點，把那視為她的觀點的競爭對手，就算她打從心裡瞧不起。

莎拉：我可沒這樣說！

鮑勃：妳知道妳就是這樣想。總之，我比較喜歡莎拉的態度就對了。她是認真看待我，才會跟我吵起來。查克，你的態度呢，則是高人一等，嘴巴說你有多尊重我的觀點，實際上卻沒有認真看待，不肯花心思辯論。對你來說，我的觀點不是你瞧不起的對手，而是連比賽的資格都沒有。

"
如果同樣尊重不代表同樣信任，又有什麼用？
"

查克：為什麼一定要比賽呢，鮑勃？不同的觀點為什麼不能互相合作，代替競爭呢？

莎拉：要成為你的觀點就會有競爭啊？你不可能同時

　　採納現代科學理論的觀點，又接受傳統巫術的信
　　仰。要是傳統睿智女性的建議和醫生的醫囑有所
　　牴觸，你就不可能兩種都做。在這方面，你接受
　　你自己的觀點，排斥了鮑勃的觀點。

**查克**：那不代表我的觀點比別人的好啊，莎拉。

**莎拉**：沒有人說你的觀點比別人的好啊，查克。

**查克**：莎拉，我沒有瞧不起妳的觀點。

**莎拉**：很高興你這麼說。

**查克**：鮑勃，我也沒有瞧不起你的觀點。

**鮑勃**：這種話誰都會講。

**莎拉**：查克，每當有人問你屬意誰的觀點，你都依賴這
　　　　樣的概念——不同的觀點各自獨立，但平等。<u>你
　　　　用這種方式保護你的觀點不受嚴正批判和避免競
　　　　爭，一旦競爭，雙方都有落得比對方差的風險。</u>但
　　　　你也妨礙自己繼續學習。例如，你似乎很滿意自
　　　　己對於「觀點」的觀點。我想，那種觀點就是某
　　　　些人所謂的「相對主義」吧。

**查克**：好，莎拉，如果妳喜歡，可以稱呼我的觀點是「相
　　　　對主義」無妨。很多人是考慮到與之相反的態度
　　　　會造成的傷害，才秉持這種觀點。相反的態度，
　　　　如果妳喜歡，可以叫它「絕對主義」，也就是堅持

要把觀點分為「對」、「錯」的態度。然而絕對主義已經假借神或進步之名，致使數百萬人喪命了。

莎拉：你這麼說，不正是含蓄地把相對主義歸為「對的」，把絕對主義歸為「錯的」嗎？

查克：不是喔，莎拉，妳想讓我掉進那個古老的陷阱。我只會把相對主義歸為「我自己目前的觀點」，而把絕對主義歸為「其他某些人目前的觀點」。

莎拉：但你不是一直試著提出理由，說服我和鮑勃選擇相對主義而捨棄絕對主義嗎？<u>你難道不是認為，相對主義在某些方面是比絕對主義好的觀點嗎？</u>

查克：但這不是「一個是對的、另一個就錯了」的觀念。不是這樣的。

莎拉：所以有別的觀念？

查克：莎拉，如我剛才所說，歷史上已經有數百萬人，以絕對主義觀點之名義慘遭屠殺了。

莎拉：你似乎在暗示相對主義比絕對主義可取，因為採用相對主義不會釀成那麼大的傷害。你是從結果好壞的角度評斷觀點。

鮑勃：萬一科學最後因為污染，或用大規模毀滅性武器摧毀了人類呢？這種事很可能發生啊。屆時，按照查克的標準，相信巫術就比相信現代科學好得

多了——無論如何，巫術絕對不會製造出那麼嚴重的傷害。

莎拉：是啊，就算世上從來沒有女巫！你不能因為軍事或政治領袖拿科學做邪惡用途就怪罪科學，你也無法阻止科學的進步。當然，鮑勃對於人類可能結局的觀點就恰恰證明，**一個信念是真是假，跟相信它的結果是好是壞，是截然不同的議題。**

查克：莎拉，我只是在討論採取一種觀點而非另一種觀點的結果。絕對主義才會用「真」、「假」這麼武斷的字眼。

莎拉：但你要如何判定結果是好是壞？對於結果的好壞，你採絕對主義還是相對主義？

查克：任何事情我都不採絕對主義。結果可能對一個人是好的，而對另一個人是壞的。

莎拉：從主事者的觀點來看，大屠殺說不定是好事。如果一九四五年四月底，希特勒在他的地堡裡可以按一個按鈕來消滅全人類，他八成會按下去。從他的觀點，那種結果可能比同盟國勝利要來得好。你不是認為平靜活著比暴力橫死來得好嗎？

查克：從我的觀點來看是比較好。從妳的觀點不是嗎？

鮑勃：從我的觀點是。

莎拉：我當然也這麼認為。但那跟相對主義有什麼關係？一個人不可能既採相對主義，同時又喜歡暴力橫死勝過平靜活著嗎？

查克：莎拉，希特勒不是相對主義者。

莎拉：我沒有說他是。我只是說，如果相對主義與鍾愛和平文明勝過人類滅絕相容，那它同樣與鍾愛人類滅絕勝過和平文明相容。因為它並沒有說哪一種比較好。

查克：莎拉，相對主義不會想要把自己的觀點強加在他人身上。殺人是把你的觀點強加他人的終極手段。不打擾他人就不會強加什麼。

莎拉：你似乎在說相對主義蘊含包容比不包容來得好。我看不出這是如何推導的。

查克：如果我不能說我的觀點是對的，而你的觀點錯了，我又有什麼權利把我的觀點強加在你身上呢？

莎拉：你指的是說絕對權利，還是由你自己的觀點所認定的權利？

查克：莎拉，我指的是從我的相對主義觀點所認定的權利。

莎拉：好，也許從你個人的觀點來看，你沒有權利，但

從其他相對主義者，某個沒那麼和藹可親的相對主義者的觀點來看，他為什麼不該有權利把他的觀點強加在他人身上？

查克：相對主義沒有這種意涵，莎拉。

莎拉：我不是說相對主義蘊含\*心懷惡意的相對主義者有權利把他的觀點強加在他人身上。我要說的是，**相對主義並未蘊含人沒有權利強推他的觀點**。相對主義是中性的。我們有權利做什麼或沒有權利做什麼是道德問題。**主張有所謂「正確的」道德規範，當然違背了相對主義的精神**。如果相對主義對價值觀問題是中性的，就不會說「包容比不包容來得好」，那會留給個人的觀點去決定。做個不包容的相對主義者，不會比做個包容的相對主義者更前後矛盾。

鮑勃：坦白說，我不確定相對主義到底是怎麼說的。當我說是巫術弄斷我的腿時，查克沒有公開同意或不同意，他只說：「那是你的觀點。」

查克：那正是我的觀點，鮑勃。

---

\*審註：「蘊含（imply）」，為邏輯上的專門術語。P邏輯上蘊含Q，意味著如果P為真，Q必定為真，或是不可能P為真而Q為假。

鮑勃：查克，你老實說，你的觀點是不是也說巫術沒有
　　　弄斷我的腿？

查克：鮑勃，從我的觀點來看，它沒有。但這只是我的
　　　觀點。

鮑勃：你敢像個男人大聲說，巫術沒有弄斷我的腿嗎？

查克：鮑勃，我已經說了，從我的觀點來看，巫術沒有弄
　　　斷你的腿。不要指望我演得跟克林伊斯威特*一樣。

鮑勃：我不是要你開槍射我。我只是問你有沒有勇氣說
　　　「巫術沒有弄斷鮑勃的腿」，而不補充「那只是你
　　　的觀點」來破壞那句話的氣勢？

查克：鮑勃，不管我說什麼，我都是依據我的觀點來說。

鮑勃：但你同意，依據我的觀點，巫術確實弄斷我的腿
　　　嗎？

查克：我同意，鮑勃，那是你的觀點。

鮑勃：但你怎麼知道那是我的觀點？

查克：是你剛才告訴我的啊，鮑勃。

鮑勃：我可能一直在撒謊啊。你要知道，我可能只是假
　　　裝相信女巫罷了。

莎拉：原來你是裝的？

鮑勃：不是，當然不是。我不是那種人。可是妳和查克
　　　只聽了我的片面之詞。你們無從瞭解我腦袋裡在

想什麼。

查克：好，鮑勃。從我的觀點來看，依據你的觀點，是
　　　巫術弄斷你的腿。

鮑勃：你確定你知道你自己的觀點是什麼？

查克：你有什麼毛病啊，鮑勃？

莎拉：其實我覺得鮑勃可能說對了什麼。**我們不只很難
　　　瞭解別人腦袋裡在想什麼，有時也很難瞭解自己腦
　　　袋裡面發生什麼事。**自我認知不見得容易。比方
　　　說，人常搞不清楚自己是否陷入愛河。而查克，
　　　我也不確定自己對你剛才說的一些事情抱持何種
　　　觀點。

鮑勃：查克，你都知道自己腦袋裡在想什麼嗎？

查克：鮑勃，這點我不敢說我比任何人好。

莎拉：有時候我告訴人家我相信什麼，是真的想實話
　　　實說，但後來我發現自己其實不信那件事，甚至
　　　連說話的當時也不信。比方說，小時候我常跟朋
　　　友討論世上是否真的有牙仙。我記得我斬釘截鐵
　　　地跟他們說我相信有牙仙。幾秒鐘後我才恍然大

---

＊ Clint Eastwood，美國演員、電影導演，影史上的傳奇人物，以《荒野大鏢
　客》等西部片成名，牛仔與硬漢形象深植美國人心中。

悟，好幾個月以來，我其實已經不相信有牙仙了。我很清楚是我媽或我爸把錢塞到我枕頭底下的。查克，你也會發生那種事情嗎？

查克：我也是人啊，莎拉。

莎拉：我們也是這樣想。<u>所以，你對你自己見解的見解，跟你其他的見解一樣，都是有可能出錯的。</u>這件事令我不解：你一不留神，說了巫術沒有弄斷鮑勃的腿。鮑勃質疑你的說法，你又縮回去，說巫術沒有弄斷鮑勃的腿是你的觀點。鮑勃可能同意那的確是你的觀點。但假設我開始懷疑，你，查克，其實不明白自己的想法，骨子裡你其實相信女巫。所以我挑戰你這個主張：巫術沒有弄斷鮑勃的腿是你的觀點。我懷疑那不是你真正的觀點。你會怎麼回答？

查克：依據我的觀點，巫術沒有弄斷鮑勃的腿是我的觀點。

莎拉：說不定你根本不像你所想的那麼相信相對主義。你怎麼知道相對主義真的是你的觀點？

查克：好，莎拉，依據我的觀點，相對主義是我的觀點。

鮑勃：現在是怎樣。

莎拉：現在的情況是，查克一旦面臨意見不合的威脅，

就會採用一種標準套路。不管他先前說什麼，他
都會補充說那是他的觀點。每當你質疑他的主
張，他就會轉到另一個說法，說他先前的說法是
他的觀點。

鮑勃：我有注意到。

莎拉：如果有人質問，他甚至在提出陳述觀點的主張時
也使用這個套路。他會縮回去說依據他個人的觀
點，那是他的觀點。

查克：莎拉，我不接受「縮回去」這個詞。我覺得不如
說是「進一步」，因為我是公開提出那只是我個人
的觀點。

莎拉：那是一種退縮，因為你放棄了你一開始的說法，而
改說關於你個人觀點的事情。比方說，我們是在
討論是什麼弄斷鮑勃的腿，而不是在討論你，查
克。我們不是在討論你的觀點。

查克：我們每個人講話都是從自己的觀點出發。你希望
我改採別人的觀點說話嗎？

莎拉：採用某個觀點說話跟討論某個觀點，不是同一件
事。

查克：對於我們採取什麼樣的觀點，我們應該開誠布公
啊，莎拉。

莎拉：確實，但我們不該一有機會，就把那當成轉移話題的藉口來使用，開始聊你自己。你已經開始無止境地退縮了。每一次有人質疑你的主張，你都會再退一步，不管你前一次說了什麼，你都會再加一句「那是我的觀點」，而不是支持它。<u>你沒有堅定的立場。</u>

查克：莎拉，堅定有什麼好處呢？我們都很高興這輛火車順暢地前進，而非靜止不動吧。

莎拉：那不一樣。這段旅程不會永遠持續下去。如果幸運的話，這班車會帶我們到達我們的目的地。而你的退縮則沒有目的地，因為你一碰到壓力，就會再退一步，因而離你原本的目的地越來越遠。為了扭轉情勢，你又試圖向我們兜售這個光鮮亮麗的新產物——相對主義。

查克：莎拉，這樣說不公道。那是古老的洞見。甚至在古典希臘時代就有人信奉相對主義了，比如普羅達哥拉斯＊就是。

莎拉：好，如果你喜歡，那我改成：你試圖向我們兜售這個破爛的舊東西——相對主義。我們問你那到底是什麼東西，你告訴我們那是一種關於觀點的觀點，主張沒有觀點絕對正確，也沒有觀點絕對錯誤。

查克：沒錯，不過，我可沒有試圖把它賣給你們。我是免費送給你們。如果你們覺得有用，那很棒，如果你們選擇不要，那也是你們的決定。

鮑勃：如果有車廠免費提供我一輛車，我還真不敢開咧。誰知道車子可能有什麼毛病啊。

莎拉：不管怎麼說，那是要付出代價的。我們得拿我們目前的車，絕對主義，去換另一部。

查克：莎拉，妳目前的車可是會殺人的。

莎拉：我想要回到我的論點。有人說查克賣的二手車沒有他宣稱的那麼好。還記得我們先前討論過的批評吧。相對主義應該可以應用在它自己身上，因為那是關於所有觀點的觀點，對不對？

查克：對，當然是。

莎拉：因此，**相對主義意味著相對主義不是絕對正確**。

查克：那有什麼問題呢，莎拉？我的觀點仍舊是，沒有任何觀點，包括相對主義，是絕對正確或絕對錯誤的。

莎拉：那正是我要抱怨的。你要賣的車子上面有個標籤：「這部車子不比其他車子好。」

---

＊古希臘哲學家，被柏拉圖認為是詭辯學派的一員，也是一位相對主義論者。

鮑勃：起碼這個業務員滿幽默的。

查克：他的主張也不失謙遜。

莎拉：開玩笑說他想賣給你的車子沒什麼特別的業務員，可能還是想騙你。你問他車子能不能發動，他就轉移話題，開始聊他自己有多喜歡那部車。這樣你會買那部車嗎？

查克：歡迎試駕啊。

莎拉：就連試駕也很危險啊。

鮑勃：我甚至不確定能不能看到那輛車呢。查克變來變去變得好快，我根本不知道他到底想賣什麼。

莎拉：是啊，每當你想坐進車子試駕一下，他就說要賣的那一輛在別的地方。如果我們要買相對主義，我們可能花了錢卻什麼也沒買到。

> "
> 每一次有人質疑你的主張，你都會再退一步，不管你前一次說了什麼，你都會再加一句「那是我的觀點」，而不是支持它。
> "

查克：兩位，冷靜點。我們做個深呼吸。一、二、三、

四、五、吐……每當我說什麼，你們其中一位就提出自己不同的觀點回覆我——這樣很棒——然後我說我剛才說的「是我的觀點」，這時我並沒有收回我剛說的話，仍然明擺在那裡。我只是在強調，我沒有想把我的觀點強加在任何人身上，不是主張我說的絕對正確，而你們兩位不同的見解絕對錯誤。我只是在說我沒有想扮演上帝。

鮑勃：你為什麼那麼怕我們認為你想扮演上帝？當莎拉說了我不認同的事情，我知道她沒有想扮演上帝。她只是訴說她的想法。查克，如果不是你一直否認，我也從沒想過你可能想以上帝自居。

查克：我只是不想要你們產生錯誤的印象。有些時候，不是人人都能接受不同的人有不同的觀點，就算有這樣的差異是好事，仍會產生許多毫無效果而徒傷感情的爭論。

莎拉：確實如此，但如果你講的話裡面有那麼多只是為了提醒我和鮑勃，我們都是可能出錯的人類——這件事我們早就非常明白——那我們還是免不了懷疑你的相對主義究竟是什麼意思。**如果它所說的沒有排除其他人可能說的，那它到底在說什麼？**就彷彿在說：「這部車是紅色的，但你也可以

把它形容成綠色、藍色或黃色。」

鮑勃：我家那條街上有個老嬉皮就開那樣的車。

莎拉：不會是整車紅色同時又整車綠色。我需要更精確的說法來陳述我的論點。

查克：無色無味的論點。

莎拉：我再試一遍。我們可以把你的相對主義表達成「每一個觀點都只是一個觀點」嗎？

查克：某種意義上，如果妳想那樣說，我們是可以那樣說的。

莎拉：**如果鮑勃說「巫術起得了作用」，而我回答「那只是你的觀點」，我是拒絕幫他的說法背書。**我接受那是他相信的事情，但透過「只」這個字，我拒絕接受「巫術起得了作用不只是他的信仰」，也就是「巫術真的管用」。同樣地，當查克先說了什麼，後來又說「那只是我的觀點」，聽起來就好像他拒絕幫他自己先前的說法背書，彷彿一刀兩斷。那就是我和鮑勃抱怨的「縮回去」。但現在，查克又告訴我們他沒有和先前的說法斷絕關係。

查克：沒錯，我沒有。

莎拉：你承認那是你的信仰，但並不排斥那不只如此的概念。你一直在幫你先前的說法做補充，而非取

而代之。所以，我們應該把「只」這個字刪掉，因為你不真的認為那只是你的觀點。

查克：如果妳喜歡，刪掉無妨。那是妳的措辭，不是我的。

莎拉：那我就刪掉了。所以，相對主義不是說「每一個觀點都只是一個觀點」，而是「每一個觀點都是一個觀點」。

查克：也行。

莎拉：好，但這樣的話，相對主義就平凡無奇了。每一個人，哪怕是最強硬的絕對主義者，也會同意每一個觀點都是一個觀點。

查克：莎拉，妳想把相對主義縮減成一道公式。相較於其他所有理論，那不只是又一套理論，**比較像是一種人生態度。**

鮑勃：什麼樣的態度？

莎拉：查克，你的行為似乎跟我們社會許多不會自詡為相對主義者的人沒有太大的差異。你跟我們其他人一樣是可能出錯的人類。就我們所知，你不曾殘殺過誰，但忍住沒殺人不是什麼非比尋常的成就。所以，除了過度使用「觀點」這個詞，你還具備哪些相對主義的特質呢？

查克：莎拉，妳也知道，<u>差別主要不是在相對主義說了什麼絕對主義沒說的，而是在於相對主義沒說什麼絕對主義說了的。</u>

莎拉：比方說？

查克：<u>我是指包含「對」、「錯」、「真」、「假」等武斷用語的東西。</u>事情，不好的事情，就是在人們開始亂噴威脅性詞語，還依此行動的時候發生：轟炸、侵略、強制改宗、以神或進步之名殺戮，像我之前提到的那樣。<u>相對主義則讓妳有機會避免這些。</u>

莎拉：所以，我們其實應該從試著瞭解絕對主義說了什麼，而非相對主義說了什麼著手，然後自然就能明白相對主義者想避免什麼了？

查克：沒錯，這回妳說對了。

莎拉：查克，既然火車即將進站，我可以非強制性地請你接受這個觀點嗎？我們該暫停對話，直到上下車人潮的喧嚷平息為止？

查克：莎拉，我認同這個觀點。

鮑勃：現代科學和相對主義達成共識。

「想想這班火車上總共有多少個銅板，
　包括口袋裡和其他地方的。
　沒有人數過，沒有人知道總數是奇數還是偶數。
　但總數一定不是奇數就是偶數，
　就算我們不確定是哪一種。」

# 真理的戰慄

「把原本是的說成不是，或把原本不是的說成是，就是假；
原本是的就說是，原本不是的就說不是，就是真。」

查克：啊，我們終於又動了起來。

羅珊娜：你坐到我的位子了。

查克：妳確定？

羅珊娜：確定。我的預約單上有寫座位號碼。

查克：抱歉，讓我收一下東西。

莎拉：我旁邊的位子沒有人預訂。

查克：莎拉，謝謝妳，那裡也很適合我。

莎拉：查克，你要告訴我們你認為絕對主義的用語，
　　　像是「真」和「假」，為什麼那麼糟。我難道沒
　　　有權利，甚至責任，憑證據為真理發聲，說巫

　　術起不了作用是**真**的，起得了作用是**假**的嗎？

**鮑勃**：我不能說巫術起得了作用是**真**的，起不了作用是**假**的嗎？

**查克**：我不能阻止你們那樣說。但為什麼你們可能要重新斟酌一下呢，原因在於，莎拉，「真」應該比「假」來得好，對吧？

**莎拉**：當然。

**鮑勃**：只有笨蛋才會比較喜歡錯的，不喜歡對的。

**查克**：所以莎拉，如果妳說妳的信仰為真，鮑勃的為假，妳就是在說妳的信仰比鮑勃的好，也因此，至少在這方面，妳比鮑勃來得優秀。而如果你，鮑勃，說你的信仰是真的，莎拉的信仰是假的，你就是在說你的信仰比莎拉的好，所以在這方面你比莎拉優秀。<u>你們兩位是真的想主張自己比對方優越嗎？</u>

**莎拉**：你的話聽來像在人身攻擊。相信巫術起不了作用不是我的私人財產。不只我相信，那是我和所有受過科學教育的人共有的信仰。鮑勃相信巫術起得了作用，這也不只是他的信仰，而是他和從過去到現在其他迷信民眾共有的信仰。<u>與事實有關的問題，應該在更不針對個人、更客</u>

> 觀的情況下討論。巫術效用是真是假，並非取決
> 於任何人相信什麼。

鮑勃：妳沒辦法完全排除個人層面。當妳說巫術起得
了作用是假的，妳就是在說妳相信那起不了作
用。否則妳就不是出自真心。

莎拉：好吧，不過沒必要對此小題大作。要討論的問
題是巫術，而不是你或我或查克。

鮑勃：如果我是巫術的受害者，那就跟我有關了。

莎拉：你可以做為證據、做為樣本，而不是做為討論
的一方。

鮑勃：別把我切成兩半啦。我在巫術方面的個人經
驗，讓我在討論時有東西可以補充，那是你們
其他人所欠缺的。我們不能把巫術當成好像跟
我們沒關係似地來討論它。

查克：科學的辯論也是有個人層面的影響。科學的聲
譽和抱負吉凶難料。如果世人評判某位科學家
設計出不錯的實驗，他的聲譽就會水漲船高。

鮑勃：榮耀。

查克：這是你說的，鮑勃。而如果世人評判他設計得
不好，他的聲譽就會下滑。

鮑勃：蒙羞。

查克：這也是你說的。總之，經費和升等都取決於這樣的事情。

莎拉：當然，也應當如此，但要判定實驗設計的好壞，我們必須客觀、不帶個人情感地檢視它的設計。評價相關人員是之後的事，同樣也應該客觀進行。

查克：但莎拉，妳也同意，如果妳說鮑勃對巫術的信仰是假的，而其他人接受妳的評斷，這就對鮑勃的聲譽不利了，雖然他知道他自己在講什麼，但還是會失去可信度。

莎拉：我們不是要討論這個。

鮑勃：對我而言是。

查克：莎拉，<u>當妳認為、也說了妳的信仰是真的，鮑勃的信仰是假的，這對妳和鮑勃是會有後果的</u>，請務必謹慎。

莎拉：我很謹慎了。我不是每一次和鮑勃意見不合時都會說我是對的、他錯了。我從不曾認為自己絕對不會出錯。比方說，鮑勃比我懂園藝。但就巫術這件事來說，我是對的，他錯了。

查克：莎拉，妳一面承認自己可能出錯，一面又說這種話？

莎拉：沒錯。科學就是從別人犯過的錯記取教訓。人類在演進過程犯了很多錯，巫術信仰就是其中之一。

查克：莎拉，我很好奇，想瞭解妳怎會覺得自己能夠斷言妳對某件事是正確的，而所有與妳意見不一致的人都錯了。讓我們來討論一下。**妳覺得妳所有信念都是真的嗎？**

莎拉：不覺得。我說過，人是可能出錯的動物。有許多假的信念很正常。我怎麼會是例外？我相信我有很多信念是假的。

查克：可以舉個例子嗎？

莎拉：我之前相信鮑勃對人生有非常傳統的看法。現在我發現我搞錯了。

查克：那妳目前的信念呢？那些全都是真的嗎？

莎拉：不是。根據過往經驗，我確定連我目前的信念都有很多是假的。科學的歷史就是明證，當前許多科學理論未來一定會再修正，因為有許多科學都在過去修正了。我們一定還有許多科學理論是假的，雖然它們可能相當接近真的了。我不可能自稱做得比科學更好。

查克：請再給我們一個妳目前的信念是錯誤的例子。

**莎拉**：這個要求不合理！如果我知道我目前有哪個信
念是假的，我就會捨棄它，它就不再是我目前
的信念了。「這是我相信的其中一個謬誤……」
說這種話不是很蠢嗎？我目前的信念一定有一
些是假的，只是我還不知道是哪些。

**查克**：所以，只要我問妳一個妳目前的信念，妳都
會說那是真的，就算妳也承認其中有一些是假
的。情況一定是這樣嗎？

**莎拉**：這個嘛，如果真的要說得精確，大概像是這樣：
如果你問我我目前的某個信念，我會說照我的
證據來看，那可能是真的。科學是靠機率，不
是靠確鑿的證據運作。**我希望我每一個信念都
可能是真的，但不可能我所有信念都是真的。**情
況一定是這樣。那就像摸彩，在抽獎之前，任
一張彩券都可能不會中，但當然不可能所有彩
券都不中。一定會有得主。

**鮑勃**：所以巫術不見得起不了作用。承認吧。

**莎拉**：是沒有百分之百確定，但確實非常可能巫術起
不了作用。

**鮑勃**：但沒有比我們三個人坐在同一部火車上的機率
高，畢竟這是我們親眼所見？

莎拉：依照我們的證據，我們坐在一部火車上這件事，甚至比巫術起不了作用這件事機率更高。但兩者都不是絕對確定。

鮑勃：至少妳承認我沒有一定是錯的了。

查克：莎拉，<u>妳的意思是不是現代科學用機率的大小，取代了過時的真假二分法？</u>

莎拉：我想可以這樣說。

查克：妳這個觀點我比較喜歡了，莎拉。

莎拉：我不是說依照證據，所有理論都一樣可能。我是說很多理論機率不是零，但有些比其他機率更高。只要瞭解某人只是說他的觀點比對方更有可能，不是他絕對正確而對方絕對錯誤，遇到意見不合時，就比較不會覺得是在針對個人了。

鮑勃：莎拉，現在妳還會直截了當地說巫術起不了作用嗎，或者妳會說它很有可能起不了作用？

莎拉：我會說，根據我們的證據，巫術確實非常不可能起得了作用。

鮑勃：噢，那我們的意見還是不一致，因為我會說根據我們的證據，巫術**確實**可能起得了作用。妳確定妳的機率是正確的嗎？

莎拉：確定，我很有把握。

鮑勃：妳不曾低估或高估機率嗎？

莎拉：這個嘛，機率這件事，我不是絕對正確。每次
　　　我打牌打輸，我都會在事後找出原因。有時我
　　　明白自己估算機率估算得不正確。我跟你和查
　　　克一樣，都是人。每一件事都有可能犯錯。

鮑勃：所以關於巫術起不起得了作用的機率，妳也許
　　　是錯的。

莎拉：原則上是這樣沒錯，但在這個例子，顯然非常
　　　不可能。

鮑勃：但當妳說巫術非常不可能起得了作用，妳也同
　　　意那不是絕對不可能起得了作用？

莎拉：當然同意，我依照我的證據判斷巫術不大可能
　　　起得了作用，那當然不是百分之百確定。沒有事
　　　情是。但很有可能巫術非常可能起不了作用。

查克：機率的機率！莎拉，妳認真看待這件事了呢！
　　　接下來妳要告訴我們關於機率的機率的機率了。

莎拉：原則上是。

鮑勃：這讓我想起一件事。妳之前對查克說的，如果
　　　我理解得沒錯，<u>妳是想從機率的大小，而非真
　　　假的角度來思考。</u>

莎拉：大致來說是這樣沒錯。

查克：莎拉，歡迎來到相對主義俱樂部！正如我所建議，妳拋棄了「真」、「假」這種武斷的字眼。

莎拉：別太放肆了，查克。我不是相對主義者。有些機率的估計值比其他來得高。

查克：妳確定？

莎拉：我有足夠的信心應付，謝謝你唷。

鮑勃：妳前面說：因為像巫術這樣的事情，妳可能出錯，所以妳不會斬釘截鐵地說那起不了作用；妳只是說它很有可能起不了作用。既然妳也承認，在機率方面妳也可能出錯，那麼，妳是斬釘截鐵地說巫術可能起不了作用，或只是說有可能巫術可能起不了作用？

莎拉：鮑勃，真不敢相信你竟然這麼鑽牛角尖。

鮑勃：別怪我，誰叫我已經慢慢弄懂遊戲玩法了。正如妳前面說的，我們該針對議題，不該做人身攻擊。何不回答我的問題呢？

莎拉：既然你堅持要我回答，就休怪我給複雜的答案，我主張的是很有可能巫術非常可能起不了作用。我當然是按照現有的證據討論機率的。這些證據和過去科學不發達時的證據不同，也可能

　　　　和未來科學進一步發展後的證據不同。

**鮑勃**：現在，妳讓我想起查克在火車停上一站之前陷
　　　　入的麻煩。

**查克**：沒什麼麻煩啊，鮑勃。

**鮑勃**：只是你的觀點啦，查克。不管你說了什麼，只
　　　　要莎拉或我給你壓力，你就會退縮，退一步說
　　　　你一開始說的只是你的觀點。

**查克**：鮑勃，那是澄清，不是退縮。

**鮑勃**：你說是澄清就澄清吧。查克，從我的觀點來看，
　　　　你從來沒有堅守立場。現在呢，不管莎拉說了
　　　　什麼，只要你我向她施壓，她也開始退縮，改說
　　　　她一開始說的事情很有可能。<u>雖然「那是我的觀
　　　　點」聽起來頗新世紀，「照現有的證據來看很有
　　　　可能」聽起來頗科學，但兩種都是改變立場的說
　　　　法。</u>莎拉，妳真的不再堅持妳說的了嗎？

**莎拉**：鮑勃，我懂你的意思。查克，無意冒犯，但我
　　　　不想聽起來跟你一樣。

**查克**：不要緊。我尊重你們不同的觀點。觀點越多越好。

**莎拉**：招來一大堆愚蠢的觀點只會製造混亂。總之，
　　　　機率的機率的無限回歸，沒有比對觀點的觀點
　　　　的無限回歸好到哪裡去。我得在某個地方採取

堅定的立場。我要斬釘截鐵地說：巫術起不了作用。

鮑勃：妳一直都這樣想。

莎拉：但我也會斬釘截鐵地說：巫術非常可能起不了作用。我不會再退了。

查克：不過莎拉，妳的話聽起來確實跟我很像。我先提出我的觀點，然後，我沒有收回那句話（所以那不算退縮啦，鮑勃），同時也提出，那句話是我的觀點。

莎拉：我們之間的差別在於，當你提出你一開始提出的東西是你的觀點時，那是多此一舉，因為我們都理所當然地認為那是你的觀點（如果你說那只是你的觀點，就不算多此一舉，因為那收回了你對你一開始說法的背書，但那就是退縮了，雖然你說你沒有退）。現在，當我說了什麼，又補充說那很有可能，我仍堅守我原本的主張，沒有縮回來僅只討論機率的問題，那不是多此一舉，因為我是真的依證據訴諸機率，來支持我一開始說的話。

鮑勃：妳還是不放棄妳的機率欸。

莎拉：是啊，我們還是需要機率。有時我們只能發表

關於機率的聲明。在我擲銅板之前，我沒辦法斷言「那會是人頭」或「那會是背面」。我只能說：「有五〇％機率是人頭、五〇％機率是背面。」但我一把它擲出去，看到它現出人頭，我就有足夠的證據說「那是人頭」。這時，我就不需要把自己局限在機率的聲明了。我對「巫術起不了作用」這句話也抱持一樣的態度，因為那已經有足夠的證據了。

查克：莎拉，所以當妳說「巫術起不了作用」的時候，妳也會說：「巫術起不了作用是真的」嗎？

莎拉：我同意那種說法聽起來有點武斷。我不必說「真的」，我可以只說「根據證據那機率很高」。

"
我希望我每一個信念都可能是真的，但不可能我所有信念都是真的。
"

羅珊娜：<u>你們似乎不太懂邏輯。</u>

莎拉：妳說什麼？

羅珊娜：我說，你們似乎不太懂邏輯。

莎拉：而妳似乎不太懂禮貌。

羅珊娜：如果妳想要瞭解真假，邏輯比禮貌實用。你們
　　　　有誰記得亞里斯多德怎麼說真假嗎？

鮑勃：抱歉，我對亞里斯多德一無所知。

查克：我一時說不出來。

莎拉：亞里斯多德的科學已經過時兩千年了。

羅珊娜：所以你們都不知道。亞里斯多德說：「把原本是
　　　　的說成不是，或把原本不是的說成是，就是假；
　　　　原本是的就說是，原本不是的就說不是，就是
　　　　真。」那些基本原理就是真理邏輯的基礎。它們
　　　　仍是當代研究的重心，並且得到最偉大的真理
　　　　邏輯貢獻者，現代波蘭邏輯學家阿爾弗雷德‧
　　　　塔斯基（Alfred Tarski）支持。

鮑勃：沒聽過。我相信亞里斯多德的說法非常睿智，
　　　　但願我明白它的意思。

羅珊娜：遇到這三個人，我看我得從頭開始說了。

莎拉：我想不用妳教課我們也可以處理得很好，非常
　　　　謝謝。

羅珊娜：你們很明顯不行。

查克：抱歉我好像沒聽到妳的大名。

羅珊娜：你當然沒聽到，因為我沒說。

查克：那我可以請教妳的大名嗎？

羅珊娜：你可以，但那無關緊要。

鮑勃：好啦，別吊我們胃口了，請問大名是？

羅珊娜：羅珊娜。

查克：羅珊娜，好名字。順便說一下，我叫查克。

鮑勃：希望我們的談話沒有打擾到妳。

羅珊娜：一點知識紀律也沒有的談話，是有點令人不快。

鮑勃：抱歉。我們忘形了。我也自我介紹一下，我叫
　　　鮑勃，這位是莎拉。

羅珊娜：要閒聊還多得是時間。我先解釋那個叫「莎拉」
　　　的女人說的話哪裡有錯。

莎拉：可以的話請叫我「莎拉」，別叫我「那個叫莎拉
　　　的女人」。

鮑勃：「莎拉」比較短。

莎拉：不只如此，我們已經做過自我介紹了，這樣疏
　　　遠地形容我未免太粗魯，好像我們完全沒碰過
　　　面似的。

羅珊娜：如果非得直呼其名，那就那樣吧。不要指望那
　　　些能阻止我解釋妳的錯誤。首先，我會舉一個
　　　簡單到連你們應該都能瞭解的例子，來說明亞
　　　里斯多德對真假的看法。我會提出一句斷言。

鮑勃：請說。

羅珊娜：不要插嘴。

鮑勃：以前我都是在教室後面講話的那個學生。

查克：羅珊娜，別管鮑勃，我們很樂意聽妳的斷言。大家，麻煩安靜。

羅珊娜：撒馬爾罕在烏茲別克。

莎拉：是嗎？

羅珊娜：這就是我提出的斷言。

鮑勃：所以撒馬爾罕在那裡啊。我一直不知道它在哪裡。

羅珊娜：管邏輯，不要管地理位置。<u>在這句關於撒馬爾罕的斷言，如果撒馬爾罕在烏茲別克，唯有如此，我說的才是真的。如果撒馬爾罕不在烏茲別克，唯有如此，我說的就是假的。</u>

查克：就這樣？

羅珊娜：這樣就夠了。

鮑勃：我想我瞭解了。<u>真的就是照事實說，假的就是沒照事實說。</u>亞里斯多德是這個意思嗎？

羅珊娜：你的說法暫時可被接受。

莎拉：若是如此，亞里斯多德的論點不是很平凡無奇嗎？

羅珊娜：對理解的人來說是平凡無奇沒錯。然而，妳剛

剛違反了。

莎拉：妳是說我心智有缺陷？

羅珊娜：我沒有說到那麼遠。我只是指出妳違反了真理邏輯的一個基本原則。

鮑勃：羅珊娜，莎拉是位智慧過人且受過高等教育的女士。我不認為她會那樣。

羅珊娜：你不認為，但她確實違反了。

莎拉：我怎麼違反？

羅珊娜：你們三位仔細聽好。首先，莎拉說巫術起不了作用。然後，她否認她得下結論說巫術起不了作用是真的。她不敢用「真」這個字。但照亞里斯多德的說法，原本是的就說是，原本不是的就說不是，就是真。所以莎拉錯了。**說巫術起不了作用的人，該做的結論是：巫術起不了作用是真的。**

查克：羅珊娜，那是莎拉的問題，不是我的，自稱最瞭解巫術的人是她。

羅珊娜：你的錯亂更全面。你建議節制使用「真」、「假」之類的詞語，因為用這些詞語會導致有爭議的價值性評斷，也就是某些人的信仰比其他人好。

查克：完全正確，羅珊娜。那就是我們為什麼該停止

使用那種字眼啊。

羅珊娜：這樣的節制白費力氣。<u>那些價值性評斷的源頭</u>
<u>是這個心照不宣的假設：照事實說比沒照事實</u>
<u>說來得好</u>（套用鮑勃的口語用詞）。

鮑勃：不是每個人都知道怎麼用口語用詞呢。

羅珊娜：安靜。我繼續說。基於這個心照不宣的假設：
照事實說比沒照事實說來得好，你「巫術起得
了作用」的說法，就意味著說「巫術起得了作
用」比說「巫術起不了作用」來得好，因為如
果巫術起得了作用，那說「巫術起得了作用」
就是照事實說，說「巫術起不了作用」就是沒
照事實說。

莎拉：那我「巫術起不了作用」的說法又是怎樣？

羅珊娜：同理，妳的說法意味著說「巫術起不了作用」
比說「巫術起得了作用」來得好。

莎拉：謝了。

羅珊娜：因此，基於這個心照不宣的假設，每一種說法
都蘊含著照這樣說比否定它來得好。

莎拉：所以妳的重點是？

羅珊娜：<u>就算沒有「真」、「假」這樣的詞語，也會產</u>
<u>生在價值上進行比較的爭議。</u>鮑勃主張巫術有

作用，莎拉否定巫術有作用，這種爭議就產生了。你們兩位都在試著照事實說巫術。如果照事實說勝過沒照事實說，那真也就打敗了假。

査克：拿棍子打！暴力蘊含在區分真假的語言之中！

羅珊娜：在我的學校，像你這樣插嘴的人才會挨打。我是在說，<u>「真」、「假」這樣的詞語只是讓人們心底對「照事實說」的偏好，能夠以比較精簡的詞語表達，也就是表達成對「真」的偏好。詞語</u>本身不會解釋偏好。莎拉是一時忽略真理的邏輯。查克則一直蔑視真理的邏輯，堅持建構他一派天真、設想錯誤的反對：反對使用「真」、「假」之類的字眼。

査克：羅珊娜，妳不懂啦。既然我拒絕用「真」、「假」之類的字眼玩老套的遊戲，那我為什麼該受它的規則約束？

羅珊娜：不懂的是你。你批評絕對主義，就是在企圖證明依循絕對主義的規則玩那種遊戲，會有令人討厭的後果。因此，你必須遵照那些規則才能引出它們的後果。否則你只是在強迫灌輸你自己反覆無常的推論罷了。除非你學會如何照它的規則玩那種遊戲，否則你永遠不會瞭解玩那

種遊戲需要什麼、不需要什麼。

莎拉：但如果有人——也許查克就是——拒絕接受照
事實說勝過沒照事實說的假設呢？

鮑勃：比如有那種善意的謊言。對於瀕死之人，不見
得照事實說比較好。

羅珊娜：如果你不是喜歡照事實說勝過沒照事實說，你
就不是喜歡真勝過假，這時你使用「真」、「假」
之類的詞語，就不會把你帶往引發爭議的價值
性評斷。

莎拉：羅珊娜，雖然我覺得妳的禮貌令人反感——妳
也看到了，那是會傳染的——不過我覺得妳說
得有道理。做為一個以科學精神看待人生的
人，我確實比較喜歡真，而我喜歡真是因為我
比較喜歡照事實說。

鮑勃：我大部分的時候也是如此，所有正派的人都
是，如果我對妳和羅珊娜說的理解得沒錯的
話。但有件事令我困惑。如果對妳的丈夫真誠
（Being true to your husband）意味著告訴他事
實，那麼，一個一直和別的男人上床的妻子，
只要一直鉅細靡遺告訴丈夫全部的事實，她也
是對丈夫真誠嗎？

**羅珊娜**：「真誠」是不一樣的概念。對一個男人真誠不只意味著告訴他事實。不要混為一談。

**鮑勃**：對不起。

**查克**：但羅珊娜，根據妳的說法，妳對「真誠」的觀念是「真」的正確意義嗎？

**羅珊娜**：不是，兩者都是合理的，但只有一個跟我們的對話有關。

**查克**：誰有權決定哪個意思才是「真」（true）的正確含意，凌駕於「真」這個字可能有的其他含意呢？鮑勃覺得他心目的那個「真」的意思相關，那對他來說就有關啊。

**羅珊娜**：他以為那跟之前我們討論「真」、「假」有關，但他錯了。有關的是「真」在諸如「巫術起不了作用是真的」等脈絡下的意義。那個意義跟真誠或避免劈腿無關。*

**鮑勃**：早知道就不要亂舉例子。

---

*審註：四人先前得出的結論，是「真」（true）表達了人們對於照事實說的偏好，而鮑勃錯誤地連結到 true 的另一個意思：真誠，所以錯誤地推導出「對一個男人真誠，代表鉅細靡遺告訴他所有事實」（照事實說）。而查克向羅珊娜提出質疑：為什麼一定要用你對「true」的解釋（亦即「真」），而不是鮑勃的解釋（亦即「真誠」）呢？羅珊娜則表示兩個解釋其實都可以，但依照之前討論的脈絡，此時的 true 是指「真」，而跟「真誠」沒有關係。

莎拉：總之，如同我一開始說的，對真理的偏好是科學的根基。羅珊娜的論點適用於科學。查克是錯的。**重要的不是「真」、「假」之類的詞語。那些只是方便使用而已。**

鮑勃：像是公共廁所？

莎拉：閉嘴，鮑勃。重要的是照事實述說。我們在科學裡用「真」這個字的地方，如有必要也可以不用，而不會有顯著的得失。我們不會問：「有些粒子的行進速度比光速快是真的嗎？」只會問：「有些粒子的行進速度比光速快嗎？」要問的事情是一樣的。起作用的不是「真」、「假」之類的字。「有些粒子跑得比光速快是假的」就等於「沒有粒子跑得比光速快」。我們不必問「關於光的根本真理是什麼」，而是問「光的基本特性是什麼」就可以了。

羅珊娜：總算好像有點腦袋了。

莎拉：感謝誇讚。

鮑勃：也許我明白羅珊娜和莎拉在說什麼了。問「世上真的有女巫嗎？」就跟問「世上有女巫嗎？」是一樣的。如果我們不能問世上真的有女巫嗎，那我們也不能問世上有女巫嗎。

**莎拉**：沒錯。

**查克**：咳，各位，別那麼快下定論！你們一旦用上
「真」這個字，想必意味著確定。毫無疑問，
**不確定的事情就不能說是真的。**如果不想表示
確定，就不會說「真的」。

**羅珊娜**：常見的錯亂。

**查克**：從妳的觀點來看，或許是錯亂，但從我的觀點
來看，那是個見解。

**羅珊娜**：我的觀點是正確的。我可以舉個例子證明。想
想這班火車上總共有多少個銅板，包括口袋裡
和其他地方的。沒有人數過，沒有人知道總數
是奇數還是偶數。但總數一定不是奇數就是偶
數，就算我們不確定是哪一種。

**莎拉**：如果那真的很重要，我們可以對這班車進行大
規模調查，把答案找出來。

**鮑勃**：拿槍威脅。

**羅珊娜**：可是在我們目前的情況下，既然不可能進行調
查，就不能確定總數是奇數，也不能確定總數
是偶數。

**查克**：那又怎樣？

**羅珊娜**：既然總數不是奇數就是偶數，那麼，兩者之中

就只有一個為真。**因此有事情是真的，但不確定**。「現在火車上的硬幣總數是奇數」是不確定的真理，或「現在火車上的硬幣總數是偶數」是不確定的真理，二擇一。我們知道這兩個句子其中有一句是真理，只是還不能夠知道是哪一句。因此，**查克主張真理邏輯上蘊含確定性是不正確的**。

查克：羅珊娜，我不欣賞妳「不是這樣就是那樣」的邏輯。世事不是全部非黑即白，中間有灰色地帶。

羅珊娜：邏輯並沒有蘊含凡事非黑即白的道理。它說的是凡事要嘛是黑的，要嘛不是黑的，但不包括灰色要嘛是黑的，要嘛不是黑的，因為灰色就不是黑的。邏輯也蘊含凡事要嘛是白的，要嘛不是白的，但不包括灰色要嘛是白的，要嘛不是白的，因為灰色就不是白的。

查克：羅珊娜，何不讓我把妳從妳黑、白、灰的冰冷世界解放出來呢？何不一同加入我五顏六色的世界，讓七彩繽紛的觀點和諧地互相碰撞呢？

羅珊娜：這位需要補救教學。

莎拉：查克，別管她怎麼說。我試著換一種方法來解釋我認為的她的說法。讓我問你一個問題，你一

下子就會懂了：其他星球上面有生命是真的嗎？

查克：我不知道，莎拉。沒有人知道——起碼從我的
　　　觀點來看沒有。

莎拉：好，那麼，其他星球上面有生命，是確定的嗎？

查克：不是，莎拉，不確定。如我剛剛說的，沒有人
　　　知道。

莎拉：那就對啦，真理不需要確定，甚至從你的觀點
　　　來看也是一樣。

查克：莎拉，妳在講什麼啊？我可以告訴妳我的觀點
　　　是什麼，妳也可以告訴我妳的是什麼，但妳不
　　　能告訴我我的觀點是什麼啊。

羅珊娜：仔細聽，認真學。我會分析莎拉這些問題的邏
　　　輯。如果真理蘊含確定，那不確定就蘊含不真
　　　確了，對吧？

查克：對啊，好，羅珊娜，如果妳堅持，我們可以玩
　　　那些邏輯遊戲。

羅珊娜：我堅持。莎拉的第一個問題是「其他星球上面有
　　　生命是真的嗎？」我們把那稱為**真確性問題**。
　　　她的第二個問題是「其他星球上面有生命，是確
　　　定的嗎？」我們把那稱為**確定性問題**。你對真
　　　確性問題的答覆是「我不知道」，而確定性問題

89

　　　　的答覆是「不是」。你同意這些是你的答覆嗎？

查克：同意，羅珊娜，這些是我的答覆。怎麼了嗎？

羅珊娜：你對待真確性和確定性的態度並不一致。你給真確性問題和確定性問題的答覆並不相等。「我不知道」跟「不是」截然不同。

查克：都是否定的回應啊，羅珊娜。它們有顯著的差異嗎？

莎拉：下一次你申請簽證，如果有人問你：「你曾參與走私毒品嗎？」你就試著回答「我不知道」而不要回答「沒有」看看。你很快就會知道差在哪裡。

羅珊娜：查克，如果你認為從不確定可以推斷出不真確，那麼，既然你對確定性問題回答「不」，你也會對真確性問題回答「不」。但你沒有這樣回答。莎拉的問題讓你露餡了。那些問題揭露，實際上連你也不認為真理要求確定性。

鮑勃：莎拉一分，查克鴨蛋。

查克：裁判一定是瞎了，莎拉越位了。

羅珊娜：沒有。慢動作重播顯示得很清楚，莎拉沒有越位。得分有效。

"
「真」、「假」這樣的詞語只是讓人們心底對
「照事實說」的偏好，能夠以比較精簡的詞
語表達，也就是表達成對「真」的偏好。
"

查克：羅珊娜，如同我一直在說的，「真」、「假」這
　　　些字眼會惹麻煩。

羅珊娜：不是，惹麻煩的是你混淆真理和確定，不是
　　　「真」、「假」的基本邏輯。莎拉比你快明白道
　　　理。

莎拉：羅珊娜，不要一副高人一等的樣子。

羅珊娜：我只是陳述事實。

鮑勃：我一直很好奇另一件事。我不只想要**大聲**說出
　　　事實，我也想在腦袋裡思考真理。妳引用的亞里
　　　斯多德只提到話中的真假，那思考的真假呢？

羅珊娜：答案顯而易見。亞里斯多德的原則可以從說話
　　　推到思考。<u>說話的真是照事實說，思考的真是
　　　照事實想；說話的假是沒照事實說，思考的假
　　　是沒照事實想</u>。在思考撒馬爾罕在烏茲別克這
　　　件事上，如果撒馬爾罕在烏茲別克，唯有如

此，我才是做了真的思考；如果撒馬爾罕不在烏茲別克，唯有如此，我就是做了假的思考。把「真」、「假」應用於信念，跟應用於說法一樣直截了當。

莎拉：沒錯，就像我試著述說事實，因為我想照事實說話，我也試著思考事實，因為我想要按照事實思考。為什麼人們想要在實際情況做真確的思考，原因很明顯。**基於照事實思考而產生的行動，遠比基於未照事實思考而產生的行動，更有機會達成目標。**

鮑勃：對我來說這太抽象了。

莎拉：我舉個例子給你聽。有次我走在山裡迷路了。四周雲霧繚繞，我看不到岩石之間的路徑。應該有條安全的下山路，我認為會沿著狹窄的山脊前進。我順著那條山脊走，但路越來越陡、越來越陡。我竟然還得往上爬回去，實在太難了。結果我腳一滑，摔個老遠。

鮑勃：妳活下來了嗎？

莎拉：沒有。

鮑勃：妳不該那樣一個人爬山啦。太危險了。

莎拉：我很喜歡。當我獨自一人在深山裡，我強烈感

覺到自己活著，因為你得隨時提高警覺。總之
這不是重點啦。

鮑勃：那重點是？

莎拉：我對下山的路懷抱了錯誤的信念，結果差點喪
命。我沒有按照事實思考下坡路。一旦開始照
事實思考，我就平安下山了。我後來真確的信
念救了我一命。

鮑勃：妳是怎麼找到下山的路的？

莎拉：我回到剛才去過的地方，遇到一名山友。她
指引我正確的路。在那種情況，我們顯然希望
人們照事實說，而不是沒照事實說。我相信
她——其實我別無選擇。我累了，天也開始黑
了。要是她告訴我的路是錯的，我又要陷入大
麻煩了。所以你看，**成功的行動是以照事實思
考為基礎。**

鮑勃：基於錯誤假設的行動不見得是壞事。我遇到我
畢生摯愛的契機，是那時我把她誤認成店員，
問了她問題。

莎拉：你改天一定要告訴我這個故事。總之你是對
的，基於真確信念的行動不保證比基於不真確
信念的行動來得好，但機率高得多。基於錯誤

信念的行動要進展順利只能靠運氣。

查克：莎拉，在更深的意義上，鮑勃所謂的錯誤可能才是真確的。

莎拉：你是說在更深的意義上，鮑勃的畢生摯愛是店員？

鮑勃：查克，你竟敢侮辱她！她可是藝術家，有藝術家靈魂的藝術家。

查克：鮑勃，我說的是更深的層次。從我的觀點來看，這些亞里斯多德的邏輯詭辯索然無味，了無生氣、瑣碎又膚淺。我覺得尼采的洞見有深度得多：「真理是人已經遺忘是假象的假象。」（Truth are illusions one has forgotten are illusions.）

羅珊娜：那就是未受過邏輯訓練的人會誤以為深刻的那種言論。但按照它自己的標準，它至少有可能是真的：這個洞見是查克已經忘記是假象的假象——如果他知道過的話。

鮑勃：查克，尼采是什麼意思啊？

查克：鮑勃，他在說言語無法適切表達事物的樣子。

鮑勃：這我深有同感，我常找不到適合的詞語。

查克：尼采不會。他是指一種更深刻的不充分，言語

本身的不充分。

鮑勃：我搞糊塗了。他的「假象」是什麼意思？

查克：鮑勃，他是指事物看起來是這樣，但其實不是這樣。

羅珊娜：那正是亞里斯多德給「假」的定義，只是應用於表象。

莎拉：在我聽來，尼采的意思好像是我們認定為真的事情，其實不是真的，因為語言會誤導人。

羅珊娜：那跟亞里斯多德給真理的定義一致。

莎拉：反正如果我們不對語言期望太高，也許就不會被它誤導了。例如，當鮑勃說他的畢生摯愛不是店員，我並不會就此把那視為她完整的人格圖像。除非她真的是店員，否則鮑勃說的就是真的。

鮑勃：她不是店員。

莎拉：鮑勃，我們知道啦。

查克：莎拉，為什麼要讓羅珊娜把妳拉進亞里斯多德的老舊思維呢？羅珊娜，妳為什麼要一直訴諸他的權威呢？那個人可是幫奴隸制度辯護的。他說有些人，不包括他在內，天生適合為奴。**我們並不認同他在道德、政治、生物學或物理學方面的權威，那為什麼該認同他在邏輯上的權威**

呢？——尤其他還試圖讓我們做真理的奴隸。

羅珊娜：現代邏輯學家並未訴諸亞里斯多德在邏輯方面的權威。他們根據他各種主張的特點，接受他某些主張而駁斥其他主張。他們覺得亞里斯多德真假原則的基本特性，很適合做為深入探究的起點，會帶來豐碩的成果。就邏輯的目的而言，沒有值得認真考慮的替代方案。

查克：既然如此，邏輯學家就該放輕鬆點，別那麼嚴肅。看看亞里斯多德發生了什麼事情吧。他那麼認真看待真假，認真到認為像他那樣的人可以擁有他人，想怎麼剝削就怎麼剝削。懷抱「真」信念的人可以蓄奴，懷抱「假」信念的人只能當奴隸。

羅珊娜：亞里斯多德的奴隸觀念來自於他所處的社會環境，他的真假邏輯觀點則不是，兩者沒有關聯性。他的真假邏輯觀念已經通過時間的考驗，他的奴隸觀則不然。

查克：如果邏輯學家還沒意識到尼采的挑戰，可不是我的錯。總而言之，為什麼該強迫學生學習亞里斯多德的哲學？那可能會使祖先是奴隸的人感覺不舒服。我們不該避開他的著作嗎？除非

我們這樣做，公開表明我們憎惡他的奴隸觀，並且和那些學生團結一致，不然不就是姑息他對奴隸的態度？

**鮑勃：** 這是他的觀點。觀點越多越好是你說的啊。

**查克：** 鮑勃，我看不出那跟現在的話題有關。

**鮑勃：** 我看不出那跟現在的話題無關，不過別管我沒關係。

**羅珊娜：** 邏輯學家並沒有崇拜亞里斯多德。套用莎拉的說法，他跟其他人一樣可能出錯。他們敬他是偉大的邏輯學家和哲學家，也評價過他的科學成就。雖然我有一些祖先曾被侵略者奴役，但我讀亞里斯多德的時候不會覺得不舒服。我知道他的奴隸觀是他那個時代的典型。查克崇拜的尼采又能經得住多少檢驗呢？他可是發瘋了呢。那難道意味著他寫的每一樣東西都瘋了？

**查克：** 當然不是。

**羅珊娜：** 尼采形容女性「軟弱、體弱多病、善變、反覆無常」。我軟弱嗎？

**查克：** 才不呢。

**羅珊娜：** 若是知道尼采寫過這些，有些女學生讀他的著作時可能會覺得不舒服，不過我不會就是了。

我們也該避開他的作品嗎？

**查克：**不該，羅珊娜，我當然不會這麼建議。

**羅珊娜：**那就把你思慮不周的提議放在心裡。

**莎拉：**我想我們都同意，某人就算在某些方面的行為或思想非常糟糕，仍可能做出偉大的科學發現，或創造出偉大的藝術作品。人類很複雜啦，查克，<u>如果你繼續為了損害邏輯原則而攻擊提出者的其他面向，我們會懷疑你這麼做是因為你想不出好的道理來反駁那些邏輯原則。</u>

**查克：**好吧，莎拉，為便於討論，讓我們假設，說到底，造成傷害的不是「真」、「假」之類的詞語，也不是與它們同在、無關緊要的亞里斯多德邏輯。讓我們假設那些本身是無害的。儘管如此，我仍不覺得照事實說和沒照事實說之間，有什麼值得大說特說的天大差異。

**鮑勃：**你問路的時候不希望人家照實說，反倒希望人家不照實說嗎？

**查克：**鮑勃，有時候有很多條路可以抵達相同的目的地。

**鮑勃：**但你仍想得知一條到得了那個目的地的路，而不是別的地方。

查克：有時人會找到新的目的地。鮑勃，你在店裡不
　　　就是這樣？

鮑勃：我不需要提醒。

羅珊娜：如你所說，得知事實的效應未必比得知假象來
　　　　得討喜，不過通常是如此。那不會減損得知事
　　　　實和得知非事實之間的差別。

莎拉：到達你原本的目的地，和到達別的地方仍然有
　　　所不同，就算你最後比較喜歡那個別的地方。

鮑勃：有時候，別人報給我的方向好含糊，事後很難
　　　說我得知的是不是事實。

查克：誰會想要像幾何圖形那麼精確的指引啦？最有
　　　用的是大略而方便的路線，最有用的詞語也不
　　　必像數學那麼精確。<u>因為語言具有模糊性，因
　　　而總會有模稜兩可的情況，硬要區分有沒有照實
　　　說，有什麼意義呢？</u>

羅珊娜：日常語言裡所做的每一種區分都有模稜兩可
　　　　的情況，但這不妨礙區分的用途，例如禿與沒
　　　　禿。有些人位於邊界，沒有禿得很明顯但也不
　　　　算完全沒禿。但因為有人明顯禿頭，有人明顯
　　　　沒禿，我們還是可以用「禿」這個詞，來向從
　　　　沒見過某人的人形容他的外貌。

莎拉：鮑勃明顯沒禿。

鮑勃：聽你這麼說我就放心了。

莎拉：那邊那位男士則明顯禿了。

查克：他是慢慢禿的，莎拉。他不是一天清早起床就發現頭髮掉光了。有好幾年他都位在邊界。

鮑勃：走道盡頭那位男士呢？他盡了最大努力用幾縷長髮巧妙地纏在頭皮上。他有禿嗎？

莎拉：也是個邊界的例子。

羅珊娜：不，他明顯是禿了。

查克：羅珊娜，形容一個男人禿了可能會深深刺傷他的心靈。

莎拉：查克，我們又不是說你！你頭髮還很多呢。

查克：我知道不是說我，我是說一般情況。<u>區分是危險的事情，老是把人分箱子裝不是好事。</u>你們也講到邊界的案例。區分是把東西分成界線這邊的和界線那邊的。如果沒帶護照，你們就不准他們越線。如此執意區分的渴望，正是我向來反對的「不是這樣就是那樣」的邏輯。我們該少花時間劃分彼此，多花點時間——

鮑勃：繁衍。

查克：那也是，鮑勃，不過我要說的是聯合。

**羅珊娜**：也要有區分的概念，你才能區分「分」與「合」。

**查克**：羅珊娜，就算我們非區分不可，也不該用評斷的態度。硬要把人們裝進箱子裡，豈能指望人們感激？那些箱子搞不好會變成棺材。在別人塞不進我們的小箱子的時候，我們反倒該感謝他們。感謝他們提醒我們，我們的區分是給自己的，不是給別人的。

**鮑勃**：聽不懂你在講什麼。

**查克**：鮑勃，<u>我們不該認為我們的區分是對的，其他人的區分是錯的</u>。不同的區分適合不同的目的。科學家用分子結構給物質分類，但畫家可能用顏色分類。

**莎拉**：比如納粹用種族偽科學區分雅利安人和非雅利安人，好方便他們達到塑造代罪羔羊加以迫害的目的。那跟我們區分人類和非人類一樣嗎？

**查克**：莎拉，妳知道我不是在幫納粹說話。話雖如此，他們確實有他們自己的觀點。歷史學家必須瞭解他們的觀點，才能釐清他們的行為。有些人認為納粹才是次等人，但那不就落入納粹的思考模式？他們也是人。

**莎拉**：那是藉口，或者也算是指控呢？照我看來，你

是用科學的方式，也就是物種來將他們歸類，不是按照種族這種偽科學。是科學判定所有根本的差異。

羅珊娜：莎拉遵循的是柏拉圖的理念：她希望能在每一個關節處切割自然（cut nature at its joints）*。她依照事物的本質來進行區分。

查克：莎拉，妳看，區分就是屠宰。

鮑勃：屠夫也有觀點呢。

莎拉：查克，如果你喜歡比較女性的比喻，那就是科學需要最有生產力的區分。生物學家試著找出生產力最好的方法來將生物分類成物種。

鮑勃：查克，你看，說到底還是繁衍吧。

莎拉：<u>而所有區分之母就是真假之別。</u>你可以畫一條線來區分事物，真的在線的這一邊，假的在另一邊。<u>科學需要區分，所以它需要真假之別。</u>

鮑勃：巫術也需要。某人是真女巫還是假女巫很重要呢。

查克：莎拉，妳的論點跑太快，我跟不上。但就算真假之別對科學有幫助——這點恕我存疑——也不代表那是科學以外、形式更加開放的人類活動所必需，或是有幫助，甚至有意義的啊。

莎拉：就算要達成的是非科學的目標，通常也需要某種類型的**行動**。如果行動是基於假的假設，那八成不會成功。真假之別對**每一種**目標都很重要。

查克：妳這全面性的主張很有自信唷，莎拉。真假之別對音樂也很重要嗎？

莎拉：作曲家和演奏者也是有目標的。如果作曲家想寫出莊嚴、深刻動人的曲子，而且以為自己寫的樂譜就是如此，但實際上聽起來潦草、急就章到令人火冒三丈，那他就沒有達成目標，因為他沒有照事實思考。如果演奏者想要彈奏樂譜上的音符，但沒有讀對，他也沒有達成目標，因為他沒有照事實思考。

查克：莎拉，說不定有人就喜歡急就章的音樂，或讀錯的譜啊。

莎拉：就算有，那也不是重點。作曲家和演奏者仍舊沒有達成他們的目標，因為他們是按照錯誤的假設行事。

查克：那宗教信仰呢？每當有人說：「世上有神」，他

---

＊審註：柏拉圖認為，應將事物做最恰當的分析及拆解，以瞭解其本質和運作方式。這句話可以理解為，要真正瞭解一個事物，必須揭示它的結構和本質，而不是僅僅看到表面的外觀或者現象。

們的說法可沒有科學意義上的真假。

莎拉：那是因為「神」這個詞沒有科學意義。

查克：那對做出這句聲明的人有意義。

莎拉：但我們可以理解嗎？

查克：我們可以尊敬地使用他們的「神」一詞來跟他
　　　們溝通。

羅珊娜：這時我們可以說，在述說「世上有神」時，如
　　　果世上有神，唯有如此，他們所言為真；如果
　　　世上沒有神，唯有如此，他們所言為假。<u>亞里
　　　斯多德的原則適用於科學陳述，也適用於宗教陳
　　　述。</u>

查克：但在回答「世上有神嗎？」這個問題時，宗教
　　　信徒給的答案，會跟科學家回答的方式完全不
　　　一樣。

莎拉：那宗教信徒就更不妙了。他們該採用科學方法
　　　來回答他們的問題，尤其這個問題這麼重要。

查克：假如他們採用科學方法，就沒辦法像老路德維
　　　希說的那樣，玩宗教的語言遊戲了。

鮑勃：哪個路德維希？

查克：路德維希・維根斯坦（Ludwig Wittgenstein）＊。
　　　照他的說法，「世上有神嗎？」這個問題跟「世

上有玻色子＊嗎？」的基本語法＊截然不同。

羅珊娜：照語言學家的說法，「世上有神嗎？」和「世
　　　　上有玻色子嗎？」有一樣的語法結構，句法上
　　　　和語義上都一樣。

鮑勃：我對語法瞭解不多，但我看不出查克你說的不
　　　同在哪裡。而且我想我篤信宗教的朋友，並不
　　　喜歡聽到他們的宗教只是一場遊戲。

查克：鮑勃，我想你不瞭解維根斯坦是如何使用「遊
　　　戲」和「語法」這兩個詞的。

鮑勃：他為什麼不能用平常的語言講話呢？照你所
　　　說，每一個像「語法」這樣的日常詞彙，他都
　　　當作自己的專用術語來用。

查克：鮑勃，他說的語法比語言學家研究的來得深。

羅珊娜：查克那種人認為混濁的河水比清澈的河水來得
　　　　深，因為他們看不到河底。

查克：羅珊娜，我想要給妳選擇的隱喻進行精神分析。

---

＊奧地利哲學家，後入英國籍。為二十世紀最具影響力的哲學家之一。

＊在量子力學裡，粒子可以分為玻色子與費米子。

＊審註：維根斯坦所謂的「語法」（grammar），不是一般意義下的語言文法
　規則，而是代表語言使用規則，而語言使用的規則包含在什麼樣的情境、為
　達到什麼樣的目的，該如何使用語詞，並認為語言使用的規則構成了語言的
　意義，是一個對語言意義相當特別的理論。

羅珊娜：別把你骯髒的想法投射到我身上。

莎拉：精神分析早在數十年前就被科學駁斥為無稽了。

查克：那未必要是科學啊，莎拉，而是一種開放的詮釋方式。

莎拉：或錯誤詮釋。

羅珊娜：查克到底願不願意聽我說完我要說的，而不用他不相干的聯想打斷我啊？

查克：羅珊娜，它們的不相干有關係吧？

羅珊娜：別再用拖延戰術了，查克似乎認為如果人用不同的方法回答問題，就代表不同的意義。<u>他否認「真」、「假」等詞語在宗教上的意義就是在科學上的意義，因為它們在宗教和科學上是基於不同的方法來使用。</u>

查克：那就是意義的差異啊，羅珊娜。

羅珊娜：不是，你把意義和驗證方法混為一談了。兩個人可以用不同的方法決定何時使用某一個詞語，但詞語的意義依舊相同。

鮑勃：我又跟不上了。

羅珊娜：當 DNA 鑑定首度應用在謀殺案審判，「殺人凶手」這個詞的意義並沒有改變。

查克：那只是差異的程度不同。用宗教和用科學方式

回答一個問題，就有徹頭徹尾的差異。

莎拉：但還是可以回答同樣的問題。宗教信徒和科學家也許對神具有什麼樣的性格和力量看法一致，然後以截然不同的方法試著找出世上是否有神。前者用禱告，後者用實驗。

鮑勃：禱告不也是一種實驗——等著看它會不會得到回應？

莎拉：也許是，不過那不是能適切控制變因的對照實驗。沒有科學期刊會接受、發表這種實驗。

查克：就算我們訂的問題「世上有神嗎？」是一樣的，答案仍取決於你用哪一種觀點回答。從科學家的觀點，答案可能是「沒有」，換成有宗教傾向的人，答案會是「有」。

莎拉：你那些關於觀點的說法，早在上一站之前就崩塌了。

鮑勃：附帶損害比我的牆要輕得多。

莎拉：沒錯，查克的意思只是科學家認為答案是「沒有」，信徒認為答案是「有」。**問題是哪一個答案是真，哪一個是假，那完全取決於世上究竟有沒有神。**

查克：妳不認為比起給出所謂錯誤答案的人，給出所

謂正確答案的人多少比較優秀嗎？

莎拉：不盡然。我們可以討論某個問題誰是對的、誰是錯的，而不去管誰平常比較正直，誰則不然。但實際上，採用科學方法的人遠比其他人更有機會找出問題真正的答案，因為他們在智識上誠實、會檢視證據、不會沉溺於一廂情願。他們不是因為害怕死亡才相信來世。

查克：這是科學描繪的自畫像嗎，莎拉？

莎拉：我不會妄稱自己一直在實踐理想。照我說的去做，而不是學我做。但以那些理想為目標，具科學意識的人，很可能做得比連試都不肯試的人好。

查克：莎拉，這種對西方科學的自以為是，正是每當觀點出現分歧，西方社會始終認為自己系統性正確，而非西方社會系統性錯誤的部分原因。這種態度讓西方社會自以為有權利轟炸和侵犯非西方社會，加以整飭——照西方的標準。

莎拉：我自認在廣泛的科學事務上系統性正確，鮑勃則系統性錯誤，但那不代表我認為我有權侵入他家來再教育他。

查克：莎拉，要是妳比鮑勃強壯得多，且地方警察跟

聯合國一樣沒效率，可能會有截然不同的感受。

**莎拉**：並不會。要包容其他意見，就算是執迷不悟的
　　　　意見——

**鮑勃**：謝謝妳唷！

**莎拉**：（我不是光指你，鮑勃）——如我所說，包容
　　　　是我的核心價值觀。包容對科學也很重要，要
　　　　容許革命性的新理論出現。

**鮑勃**：查克，可別太有把握羅珊娜不會侵入你家，來
　　　　重教你的邏輯。

**羅珊娜**：我懷疑重教查克的邏輯有用。

**查克**：歡迎妳試試看唷，羅珊娜。

**羅珊娜**：就算你可以重教——可能性極低——我也一點
　　　　都不想走進你家門。你得另請高明。

> "
> 我們不該認為我們的區分是對的，其他人
> 的區分是錯的。
> "

**莎拉**：回到正題，**我完全不認同查克這個想法：堅持
　　　　區分真假會導致武斷。**請記得，「真」不是「確

定」。科學堅持區分真假，但科學精神也讓我
們嚴以律己和包容相反意見，因為我們全都可
能出錯。每當我們提出主張，都該願意補充一
句：「不過我也可能錯了。」到頭來，我們不認
同的那個人，說不定才是對的。因此，我說自
己是「可錯論者」（fallibilist），是可能出錯的
人。正是區分真假的重要性讓我們謙遜和包容
他人。那比我們每一個人都重要。

查克：莎拉，換句話說，妳的意思是「世上沒有女巫，
但因為我可能錯了，我不會強迫鮑勃認同我」？

莎拉：是的，科學是靠百花齊放的見解才得以欣欣
向榮。相互競爭的理論各有各的支持者，每一
種理論才會進行適當的試驗，找出自己可以解
釋什麼，不能解釋什麼。透過那樣的過程，我
們最終可以從相互比較的理論中找出哪一個最
好。就算我們接受其中最好的，仍可補充「不
過我們也可能錯了」，因為說不定還有更好的理
論，只是還沒有人想到。目前有龐大的證據支
持假設有電子的理論，但或許有朝一日，這些
理論會被假設有其他東西的理論取代。

查克：莎拉，一點也沒錯。中世紀時，人們知道太陽

繞著地球轉。現在我們知道的與他們不一樣。
我們知道世上有電子，然而一千年後，人們知
道的可能也跟我們不一樣。

羅珊娜：你又犯了標準的低級錯誤。**中世紀人不是真的
知道太陽繞著地球轉，只是以為自己知道。**唯
有事實如此，才算是知道那件事。太陽不論那時
還是現在，從來沒有繞著地球轉。中世紀人是以
為太陽繞著地球轉，他們是錯的。他們也以為他
們知道太陽繞著地球轉，這一點他們也錯了。

莎拉：羅珊娜，我同意妳的說法。宗教給人信仰，而
非知識。科學給人知識，因為那經過適當驗
證，就算從來沒有達到百分之百確定。

鮑勃：我也同意羅珊娜。莎拉是相信巫術起不了作
用，她不是知道那起不了作用。

羅珊娜：重要的是邏輯論點。唯有真理才能被知道。而
真、假都可以被相信。

鮑勃：我覺得有道理。

查克：把「知識」跟「真理」這兩個詞綁在一起，還
真是你們絕對主義者會做的事，而這麼一來，
你們就讓「知識」染上所有「真理」的疾病了。

鮑勃：什麼樣的疾病？

查克：鮑勃，<u>我說的是權力的問題，強權用暴力強加它所謂的真假之別。把「知識」和「真理」連結起來，強權也會用暴力強加它所謂的知識與無知之別。</u>*

莎拉：我不會用暴力強加什麼。

查克：莎拉，妳繳的稅會付錢給軍隊幫妳做這件事。

莎拉：我沒有投票支持過任何侵略行動。

查克：莎拉，只有妳這樣是不夠的。知識就是力量。真理是政治的另一種手段。

鮑勃：如果我得從知識和力量，以及無知和無能之中選一組，我知道我會怎麼選。

莎拉：運用知識有好的方式和不好的方式。如果我們是可錯論者，承認自己可能出錯、接受任何人都可能在任何事情出錯，就有更好的機會避開那些最糟的方式了。承認自己可能出錯，我們就會更包容其他人和文化。

查克：莎拉，這意味著所有文化在真理和知識上都是平等的嗎？

莎拉：不是，如果是就荒謬了。科學進步的文化擁有的知識，當然比原始文化多。你自己不也認為不同文化的力量不相等。如果按照你的想法，

知識和力量是同一件事，那不同文化的知識不
相等，不也是順理成章的事？

**鮑勃：**如果美國總統是世界上最有權力的人，那他也
擁有最多的知識嗎？

**查克：**鮑勃，當我說「知識就是力量」，我用的是比較
微妙的「等同」概念。

**羅珊娜：**只是徒增混亂罷了。

**查克：**知識產生力量，力量產生知識。唉唷，很複雜
啦。

**鮑勃：**先有雞還是先有蛋。

**莎拉：**查克，<u>你一開始說相對主義意味包容。但那不
成立，因為對你們相對主義者來說，像包容這樣
的道德價值觀，跟其他事物一樣，取決於一個人
的觀點。</u>如果從一名相對主義者的觀點來看，
侵略是不錯的主意，那他還是有可能去侵略其
他國家。

**查克：**從我的觀點來看，這是很糟的主意。

**莎拉：**我知道，我不是在指控你個人是世界和平的重

---

*審註：這裡引用的應是米歇爾・傅柯（Michel Foucault）的權力—知識
（power-knowledge）觀點。

大威脅。能提醒我們可能錯了、讓我們暫停一下的是可錯論，不是相對主義。可錯論突顯了我們有按照假信念行動的風險。相對主義不會考慮那樣的風險，因為從信徒的觀點來看，信念不會是假的。

查克：莎拉，這樣說來，一項不侵略計畫背後的假設，不就跟一項侵略計畫背後的假設一樣可能出錯了？

莎拉：是沒錯，但知道自己可能出錯，就會讓我們更加謹慎。不侵略是比侵略更謹慎的選項。

鮑勃：一九四四年的盟軍總司令如果是可錯論者，他會指揮諾曼地登陸軍不要前進嗎？

莎拉：我認為總司令如果是可錯論者，就會檢視所有可以得到的證據，或許會蒐集更多證據，然後下令登陸前進。

鮑勃：這樣的話，可錯論到底會造成多大的差異？

莎拉：說不定當年真正的總司令艾森豪真的是可錯論者，至少實務上是如此，行動上也表現出可錯論者該有的樣子。

鮑勃：相對主義者不會採取艾森豪的論點、做出同樣的行動嗎？

莎拉：鼓勵我們多蒐集證據再做決定的是可錯論，而
　　　非相對主義。可錯論不是指我們該沉溺於我們
　　　犯的錯，或不要努力盡可能修正錯誤。而是指
　　　更好的證據能造就更好的決策。

查克：莎拉，要是可錯論真有那麼好，那很多相對主
　　　義者可能會採納；不是採納為絕對真理，而是
　　　採納為觀點。然後，當他們要做決定時，從他
　　　們的觀點看來，最好的選項就會是從可錯論的
　　　觀點看來最好的選項。相對主義者最後做的，
　　　就會是可錯論者會做的事情。

羅珊娜：查克又搬石頭砸自己的腳了。<u>他支持相對主義
　　　的論證是，採納相對主義的實際結果比採納絕對
　　　主義來得好。現在，他又主張採納相對主義的實
　　　際結果，可能跟採納一種絕對主義形式一樣──
　　　也就是莎拉的可錯論。</u>

查克：羅珊娜，為什麼可錯論蘊含絕對主義呢？為什
　　　麼不把可錯論和相對主義結合起來，擷取雙方
　　　最好的部分呢？

羅珊娜：可錯論說我們任何信念都可能是假的。而相對
　　　主義排斥像「假」這樣的字眼。你要怎麼結合？

查克：取可錯論的心。

羅珊娜：然後留下腦袋。

莎拉：查克，感謝你的提議，但我恐怕無法信任你動
的心臟手術。聽起來，我摯愛的可錯論可能活
不過手術。繼續讓腦袋和心在一起比較好。

查克：有時，只有激進的手術才能拯救病患啊，莎拉。

莎拉：可錯論不需要手術。它現在好得很，跟絕對主
義在一起恰恰好。

羅珊娜：可錯論可能出錯嗎？

莎拉：當然可能出錯！但那不代表它是假的。

「可錯論者就像那名奴隸，
　不時低聲提醒我們人都會犯錯，
　那樣的提醒固然有價值，
　卻如例行公事，多半都是徒勞無功。」

第 3 站

# 傲慢的優勢

「誰可以決定誰是正派的呢？」

鮑勃：你們看，剛走過去那個穿黑衣服的女人可能是
　　　女巫！我覺得她很像。她回頭經過我們的時
　　　候，別讓她撿到你們的頭髮，因為她可能會拿
　　　來對你們下咒。

莎拉：噢，鮑勃，別再講那種無稽之談了！她當然不
　　　是女巫。她只是要去洗手間。

羅珊娜：莎拉，照妳的說法，她可能是女巫。

莎拉：別鬧了。那是鮑勃的蠢想法，不是我的。

羅珊娜：妳自稱可錯論者，照妳的說法，任何人、任何
　　　事情都可能出錯。

莎拉：所以？

羅珊娜：所以照妳的說法，妳說她不是女巫，就有可能是錯的。

莎拉：原則上沒錯，但實際上非常不可能。

羅珊娜：但如果妳說她不是女巫是錯的，那她就是女巫了。

莎拉：這個「如果」機率很低。

羅珊娜：所以照妳的說法，既然妳說她不是女巫這點可能有錯，她就有可能是女巫。

莎拉：好吧，她有可能是女巫，只是那非常不可能。

羅珊娜：所以，如果妳否認照妳的說法她可能是女巫，那妳就錯了。

莎拉：妳幹嘛一直在這裡做文章。

鮑勃：小心，她回來了。看看山丘上閃耀的陽光吧。

羅珊娜：景色真是美不勝收。

鮑勃：她離開了。你們有注意到，她剛才經過的時候，手放在查克的座位上嗎？

查克：那是因為火車搖搖晃晃，她得保持平衡。

鮑勃：她可能已經趁你不注意時撿起你的頭髮了。

查克：鮑勃，那我也沒轍。

鮑勃：莎拉，妳還否認她是女巫嗎？

莎拉：對，她不是女巫。她。不。是。

鮑勃：妳敢斬釘截鐵地說？

莎拉：敢啊。正如我之前說的，我得在某個方面採取
　　　立場。人生本來就充滿冒險，冒著犯錯的風險
　　　就是正確的代價。

鮑勃：可是妳向羅珊娜承認，她可能是女巫。

莎拉：沒錯，那有什麼問題？那是我的可錯論。

羅珊娜：當鮑勃指控那個女人用巫術時，妳說「她是無
　　　辜的，但也可能不是無辜的」。

查克：莎拉，那聽起來不怎麼有說服力。

莎拉：但真的是這樣啊！

鮑勃：妳說「她是無辜的，但也可能不是」，就是左手
　　　給出去，又用右手拿回來。

莎拉：你說得有道理。那的確聽起來很奇怪，好像我
　　　句子講到一半神經斷掉似的。也許我一開始就
　　　不該斷然主張「她是無辜的」。

羅珊娜：這是全面性的問題，<u>因為妳的可錯論是全面性
　　　的，它會破壞妳斷然提出的任何主張。</u>

莎拉：我不能斷然主張「她很可能是無辜的」嗎？

羅珊娜：妳已經承認，妳在機率這方面有可能出錯。

莎拉：是啊，當然是這樣。

羅珊娜：因此，妳得說：「很可能她是無辜的，但也許不
　　　　是很有可能她是無辜的。」

　莎拉：那聽起來還是很不妙啊，不是嗎？

　查克：莎拉，恐怕我不能推薦妳當她的辯護律師了。

　莎拉：問題出在斷然主張一件事，又追加一句「可能
　　　　不是這樣」。主張的內容是什麼無關緊要，就
　　　　算是機率也一樣。或許我們就是不該斷然主張
　　　　什麼。

羅珊娜：妳是斷言我們不該斷言什麼嗎？

　莎拉：不是，那就自打嘴巴了，我還是推測我們不該
　　　　斷言什麼就好。

羅珊娜：莎拉有承諾問題。

　鮑勃：莎拉，妳還能直截了當地思考事情嗎？

　莎拉：**我們的思想和說話一樣可能出錯。不管我們怎麼**
　　　　**想，都該願意補充一句「不過也可能錯了」。**問
　　　　題是一樣的。正如我們不該斷然主張，我們也
　　　　不該斷然思考。

　鮑勃：妳說過妳得在某個地方採取立場。那妳現在要
　　　　在哪裡採取立場？

　莎拉：哪裡也不能，如果採取立場意味著剛愎武斷的
　　　　話。不管我想什麼或說什麼，都當成我在推測

就好。

鮑勃：沒想到妳會這麼優柔寡斷。如果妳的一切都是推測，妳要怎麼下定決心去做什麼事呢？妳要怎麼決定什麼時候下火車呢？

莎拉：我得按照機率行事。

鮑勃：妳是指對機率的推測？

莎拉：我得仰賴我的一些推測啊。我對其中一些推測比其他的有信心。例如，對於該在哪一站下車，我相當有信心。

鮑勃：妳推測妳相當有信心。

莎拉：我相當有信心我相當有信心這件事。

羅珊娜：妳是不假思索就上了這班車呢，還是妳推理過該做什麼？

莎拉：顯然我不只是隨機上了這班車。我確認過月臺。假如妳真的要分析我的思考過程，我猜妳會發現我先推測過車站廣播之類的事物是否可靠，依此推理，最後做出我該上這班車的結論。

羅珊娜：妳依賴這班車是正確車次的推測。

莎拉：或者說，這班車很可能是正確車次的推測。

鮑勃：現在說到哪裡了？

羅珊娜：沒耐心，妳就永遠不會瞭解。莎拉，妳認為斷

　　然認定某件事，與依賴它做為推測來決定該做
　　什麼，兩者之間有什麼差別？

莎拉：差別在於，我願意補一句「我可能錯了」。

羅珊娜：妳還是在斷然認定事情，只是補一句「我可能
　　　　錯了」。

莎拉：補那一句很重要。那讓我謙卑。

羅珊娜：實際上，妳的決定還是一樣，因為那取決於妳
　　　　推理的假設，而非妳承認自己可能出錯。妳還
　　　　是上了這班車，只是態度比較謙卑。

莎拉：我常檢查自己的假設。

羅珊娜：就算有人斷然認定事情，他還是可以時時檢
　　　　查，以策安全。而且，顯然妳的實際作為沒有
　　　　遵從，也無法符合妳「切莫斷然思考」的新的
　　　　決心。補一句「不過我可能錯了」只是在安慰
　　　　妳自己的良心，因為妳違反了妳那不切實際的
　　　　原則。從妳禁止自己斷然主張開始，妳已經做了
　　　　好多斷然的主張。妳說妳常檢查自己的假設，就
　　　　是在斷然主張。妳自誇謙卑也是一種斷言。

莎拉：我也可能誤以為自己謙卑！

羅珊娜：以前，有位羅馬皇帝會乘車耀武揚威地穿梭城
　　　　市街道。他叫一名奴隸站在他後面，隨時在他

耳邊低聲提醒他人都會死，讓他保持謙遜。那樣的提醒會有多大的效果，著實令人懷疑。<u>可錯論者就像那名奴隸，不時低聲提醒我們人都會犯錯，那樣的提醒固然有價值，卻如例行公事，多半都是徒勞無功。</u>

莎拉：這種說法不公平。可錯論者的提醒相當明確：不管我們思考什麼事，我們的身心都可能在事情是假的時候自以為是。雖然我認為這班車是我的火車，但我的身心卻可能在它其實不是的時候以為它是。

羅珊娜：典型的輕率概括。妳的身心有可能在其實妳不存在的時候，以為妳存在嗎？

莎拉：那是特例。如果我不存在，我的身心當然就不能思考了。

羅珊娜：妳的身心有可能在其實妳不是在思考的時候，以為妳在思考嗎？

莎拉：不，如果我認為我在思考，那就是在思考了。

羅珊娜：妳的身心有可能在妳絕對正確時，以為妳可能會出錯嗎？

莎拉：沒有人的身心可能絕對正確。無論如何，我想絕對正確的人就不可能弄錯自己的不可錯吧。

**羅珊娜**：妳的身心有可能在5 + 7不是12的時候，以為5 +
7等於12嗎？

**莎拉**：不，5 + 7不可能不是12。

**鮑勃**：可能有人把「+」當作乘的意思，而不是加法呀。

**羅珊娜**：當然有可能，但在那種情況，5 + 7還是12，不
是35。是「5 + 7」的符號可能有5 + 7以外的意
思。不要再混淆問題了。

**鮑勃**：對不起。

**莎拉**：我明白了。我這裡錯了──不管我們思考什
麼，我們的身心都可能做假的思考。我們容易
出錯的方式不見得是我想的那樣。但我仍然相
信可錯論，我承認我犯的錯，並從中學習。我
收回我錯誤的概括。可錯論的論點比較抽象：
**人的身心可能在任何思想領域出錯，就連數學，**
**我們也可能計算錯誤。**

**羅珊娜**：所以如我所說，可錯論只是一種很籠統的、提
醒人可能犯錯的東西罷了。

**鮑勃**：有時我以為自己計算正確，後來才發現算錯。
當我真的算對的時候，我要怎麼知道自己沒有
算錯呢？

**莎拉**：你算術是有多爛？如果真的很爛，也許你連自

己算對都不曉得——就算你真的算得出正確答案，也是全憑運氣。

**鮑勃：** 我沒有那麼爛啦。我通常會算對。

**查克：** 你的記憶不會欺騙你吧？

**鮑勃：** 我的算術是可能比我以為的還爛。

**羅珊娜：** 就算是計算能力、記憶力完美的超人，也可以對自己說：「我可能算術不好記性也不好，只是看起來計算能力和記憶力完美罷了。」那足以說明他不知道5＋7等於12嗎？

**莎拉：** 那未免太荒唐了。除非知識是無法企及的，否則算術好的人一定知道5＋7等於12。可錯論的論點是設立一個知道的標準，像我們這樣的動物確實可以達到的標準。它意在讓人類的知識成為可能。若設立一個排除所有知識的標準，就有違它的目的了。如果我們計算正確，便能得知5＋7等於12，就算我們仍會拿各種奇奇怪怪的懷疑折磨自己。

**查克：** 莎拉，妳覺得妳是虐待狂嗎？可以從被凌虐和凌虐人之中得到樂趣的那種。

**莎拉：** 少胡說八道。

**羅珊娜：** 莎拉是在不甘願地承認她知道5＋7等於12。

莎拉：是。依照一般人類標準，我可以正確地計算。
　　　我知道5＋7等於12。

羅珊娜：那妳還會補一句：「不過，我說5＋7等於12可能
　　　　是錯的」嗎？

莎拉：也許不該補這句。如果我說5＋7等於12可能是
　　　錯的，那我就不知道5＋7等於12了。但我的確
　　　知道。我們不該輕易把「我可能錯了」說出口，
　　　讓這句話變得廉價。讓「我知道」變得太難、
　　　「我可能錯了」變得太容易，是一體之兩面。
　　　為「我知道」設立一個我們永遠達不到的標準，
　　　是沒有意義的；為「我可能錯了」設立一個一
　　　定達得到的標準，同樣毫無意義。何必安排一
　　　項不可能通過，或不可能當掉的測驗？

查克：莎拉，我遇過一個超優秀的老師，每一個修課
　　　的學生他都給 A。

莎拉：他想要受學生歡迎。

查克：他確實受歡迎，不過是因為他充滿啟發性、獨
　　　樹一幟、打破傳統的授課模式。

莎拉：聽起來挺惱人的。他有多常說：「我可能錯了」？

查克：他從來沒那樣說過，莎拉，可是我從沒遇過比
　　　他心胸更開闊的人。

**莎拉**：呵，我確實說過「我可能錯了」，可是並非無差別使用。我不會說「7＋5等於12，我可能錯了」。

**羅珊娜**：莎拉總算放棄展現她自以為是的智識謙遜了。

**莎拉**：沒有人會指控妳智識謙遜的。

**羅珊娜**：我是指控妳自以為是，不是謙遜。

**鮑勃**：所以莎拉，妳得出什麼結論呢？

**莎拉**：我們不必完美就能獲得知識。我們可以在平常的環境運用凡人都有的感知和推理。<u>我們不必羞於承認自己擁有知識。不過，我們也不該忘記我們只是人。</u>

**查克**：人性，太過人性。

**莎拉**：用人類的標準判斷人類的知識就好。科學已經給了我們大量的知識。那是建立在我們用人類感官觀察世界所獲得的知識上。

**查克**：那麼此時此刻，妳透過觀察世界知道了什麼？

**莎拉**：我們四個都知道陽光在閃耀。我們都看得到。

**查克**：莎拉，妳可以為我證明我們不是出現幻覺嗎？

**鮑勃**：查克，莎拉不必為你證明任何事情。

**查克**：鮑勃，不只是為我。如果說話的人在提出知識主張時不對他人盡說明之責，就成了獨裁。<u>你不能不給別人挑戰你的機會，就叫他人接受你的</u>

知識主張。任何人都可以說「如果你想要我接
受你的主張，請證明給我看」。如果莎拉不願
意玩那場遊戲，就不該隨便提出知識主張。

莎拉：我願意玩那場遊戲。身為科學家，這一次我認
　　　同查克。

查克：開香檳慶祝囉！

> "
> 我們不該輕易把「我可能錯了」說出口，讓
> 這句話變得廉價。讓「我知道」變得太難、
> 「我可能錯了」變得太容易，是一體之兩面。
> "

莎拉：查克，讓我們保持清醒。我們的意見仍有許多
　　　不合。但接受權威聲明就是反科學沒錯。科學
　　　容許所有聲明接受挑戰，藉此彌補人類易出錯
　　　的特性。

羅珊娜：我可以挑戰那句話嗎？

莎拉：羅珊娜，妳對科學有何瞭解呢？

查克：這句話在我聽來怪像訴諸權威的，莎拉。

莎拉：我只是問羅珊娜一個問題。

鮑勃：莎拉，那個一身黑的女人又經過了，妳有沒有看到？

莎拉：她只是去洗手間。

鮑勃：她沒多久前才去過欸。她在那裡做什麼？八成圖謀不軌。

莎拉：女孩得做女孩該做的事。

羅珊娜：她不是女孩了。

鮑勃：她包包裡有什麼？材料？直覺告訴我她是女巫。

莎拉：我們都知道她不是女巫。好啦，鮑勃，也許你不知道，但那只是你在耍乖僻。

鮑勃：妳是說我人格異常嗎？

莎拉：我的意思只是，若非你有那些古怪的觀點，你也知道她不是女巫。

查克：莎拉，妳可以向鮑勃證明她不是女巫嗎？

莎拉：在座有人可以改變鮑勃對巫術的看法嗎？鮑勃，當她回來，我們可以做些什麼來驗證她是不是女巫呢？

鮑勃：那可能非常危險，千萬不要妨礙女巫行事。

莎拉：我願意冒這個險。假如她是女巫，而我請求檢查她的包包，她會怎麼做？

鮑勃：她不會讓妳檢查。之後，她會對妳下咒。

羅珊娜：我也不會讓莎拉檢查我的包包，但我不是女巫。

鮑勃：那是妳的一面之詞。

莎拉：她來了。

查克：莎拉，她包包裡可能有非常私人的物品。

鮑勃：莎拉，什麼都別做！太冒險了。

莎拉：不好意思這麼唐突地打擾妳，請問妳介意讓我
　　　看一下妳包包裡的東西嗎？我們在打賭……謝
　　　謝妳，妳人真好……我贏了。

查克：裡面有什麼？

莎拉：一大堆化妝品。

鮑勃：她什麼話也沒說。那很可疑。莎拉，妳有看到
　　　她看妳的眼神嗎？誰知道她對妳做了什麼？妳
　　　還好嗎？

莎拉：我很好，謝謝。鮑勃，你現在得承認她不是女
　　　巫了。你剛說，如果她是女巫，而我開口要求檢
　　　查她的包包，她會拒絕。我開口了，而她讓我
　　　看了。所以，依據你的檢驗標準，她不是女巫。

鮑勃：我可能弄錯了，女巫被要求檢查包包時應該不
　　　是那樣。

莎拉：噢，鮑勃，你怎麼可以這樣翻來覆去？反正，
　　　她包包裡的東西完全無害。

鮑勃：是看起來無害，我確定。技術高超的女巫有辦法讓她的材料看起來像平凡無奇的化妝品。莎拉，妳陷入的麻煩可能比我想的還要深了。說句自私的話，我很慶幸我沒有身在妳的處境。

莎拉：查克，你明白我的意思了嗎，關於改變鮑勃的看法？

查克：鮑勃，你真的很固執己見欸。話說回來，莎拉，妳也沒辦法向鮑勃證明他是錯的。

莎拉：按照合理的標準，我就知道他是錯的，那個女的不是女巫。我甚至用鮑勃自己的標準證明了，結果他又改變條件。我沒辦法說服他，不代表我不知道真相。那只意味著他冥頑不靈。

鮑勃：按照合理的標準，我就知道她是女巫。她站在那裡我就感覺得出來。

莎拉：鮑勃，所謂「知道」不只跟你的個人感覺有關。還有，你能用別人可以查驗的標準證明，那才是科學方法。

鮑勃：我不算別人嗎？我告訴妳妳的證據沒有效力，是因為那是從我的錯誤衍生出來的證據，是我弄錯了女巫會幹的勾當，妳卻不接受我的修正，這樣有很科學嗎？

莎拉：查驗必須由能幹的裁判執行，而不只是一個街上隨便找來的老頭。

鮑勃：所以現在我是隨便找來的老頭就對了？

莎拉：不是針對你，鮑勃，但如果科學成果必須得到每一個人的無異議認證，那只要出現一個怪咖，就可能永遠耽誤進步了。

鮑勃：「怪咖」！

查克：莎拉，誰可以決定誰是能幹的裁判，誰是怪咖呢？

莎拉：科學社群。

查克：妳是說已經獲得認證為能幹裁判的人嗎？

莎拉：是這樣沒錯。物以類聚。

查克：莎拉，其實妳是這個意思：科學社群是能自我延續的菁英。我們其他人只要接受他們的權威就好。他們必須向彼此證明自己的科學聲明無誤，但不是對我們。這種做法不獨裁嗎？

莎拉：科學社群不是封閉的。任何人都可以參與，只要他們受過科學教育、通過測驗、證明自己能夠勝任就行。

查克：向已經在那個社群的人證明自己能夠勝任啊，莎拉，妳這是告訴鮑勃，因為妳屬於科學團

體，而他不是，所以妳的主張算數、他的主張不算數。這樣妳的知識主張，難道不是一片遮住赤裸裸權力的無花果葉*嗎？

鮑勃：看車廂那邊那隻狗。牠正在搖尾巴，因為牠知道有人要餵牠了。

羅珊娜：鮑勃還是一樣注意力不集中。

莎拉：查克，鮑勃對狗提出這樣的主張，也是赤裸裸的權力遮羞布嗎？

查克：妳說對了，莎拉。

鮑勃：誰的赤裸裸權力？狗的嗎？

查克：不，鮑勃，是你的。人類決定狗知道什麼，而狗對這件事沒有發言權。

鮑勃：你不喜歡我的衣服沒關係，但不要說我赤裸裸。

查克：鮑勃，我喜歡你的衣服，<u>但穿衣服的決定了沒穿衣服的知道什麼，就像科學家決定了非科學家知道什麼。</u>

羅珊娜：現在「赤裸裸的權力」穿上體面的衣服了。

鮑勃：我有一棵無花果樹。它的一片葉子沒辦法讓你暖和，也沒辦法讓你見人。

莎拉：無論如何，我們人類或許可以判斷動物知道什麼，但我們的判斷可能是錯的。看，那隻狗不

是知道有人要餵牠。牠正在喝碗裡的水。牠知
道的是牠要有水喝了。

**查克：** 莎拉，那是人類修正人類的判斷。

**鮑勃：** 現在牠才知道碗裡面的是水。牠看到了，也嘗
到了。

**羅珊娜：** 那隻狗可以向能幹的裁判證明牠碗裡的是水嗎？

**莎拉：** 狗沒辦法跟任何人解釋牠們相信什麼。指望牠
們能夠解釋很蠢。但牠們還是知道事情，憑牠
們的感官。

**鮑勃：** 如果狗不用證明就能知道事情，人為什麼不可
以？

**查克：** 我們會說話，狗不會啊，鮑勃。

**莎拉：** 如果一個人主張知道什麼，我可以要求出示
證明。如果他生不出證明，我可以不接受他的
知識主張。我們可以要求人滿足出示證明的要
求，因為人瞭解這項挑戰。狗不瞭解，所以我
們不能指望狗狗做到。

**鮑勃：** 妳的意思是，因為我們會說話，而狗不會說
話，所以我們比牠們更難知道事情嗎？我們必

---

＊「無花果葉」在英文比喻為「遮羞布」。

須能夠回答問題，而牠們不必。照理來說，語言是要讓知道更簡單，而非更困難才對。

莎拉：沒有語言，就不會有科學知識。人類有，而狗沒有。

鮑勃：眼前就有人跟狗都擁有的知識。我們和那隻狗都知道牠碗裡有水。

莎拉：已經沒有了，牠喝完了。

鮑勃：好啦，我們都知道剛剛牠碗裡有水。那隻狗不必向任何人證明，牠就是知道。但你說我不可能就是知道。如果有「能幹的裁判」問我，我就得向他證明。

莎拉：如果有人問你是怎麼知道的，你永遠可以回答「我記得」。

查克：這樣不夠啦，莎拉，萬一有人問妳怎麼知道妳不是記錯呢？

鮑勃：除了我確實記得，還可以怎麼說？查克，你應該比較會編。你永遠有話可以說。

查克：你說得對，鮑勃。我不是那種穩重、沉默的類型。

鮑勃：有個男的住我家那條路，他會說話，但腦袋不怎麼靈光。如果你問他「你怎麼知道那隻狗的

碗裡剛剛有水？」這個問題會難倒他。他連可以說「我記得」都想不到。但他應該記得。就算他沒辦法給你解釋，他也還是知道。口若懸河的知識分子設定的知識標準適合他們，卻排除我們其他許多人，這是不公平的。

莎拉：好啦，只要別把該名男子的知識當科學就好。就算知識不需要證據，科學仍設定較高的標準。

鮑勃：剛剛妳也說科學是以觀察為基礎。科學家仰賴的知識，是他們透過本身感官得到的，跟動物一樣。

莎拉：近年來那些事情很多是用顯微鏡、望遠鏡、測量儀器完成，那些東西將結果直接輸入電腦，不經人為干預。同樣的實驗也在其他實驗室重複進行，再比較不同實驗的結果，並應用統計學檢驗。那不只是看著窗戶外面，說你以為你看到什麼而已。

鮑勃：別告訴我沒有人類技師照顧那些機器，確定機器正常運作。**他們仍然仰賴自己的眼睛和耳朵。**

莎拉：話雖如此，整個過程也比動物感知本身可靠得多。

鮑勃：或許如此。但當妳從科學雜誌學習新知時，妳

難道不是信賴妳的眼睛來讀，也信賴寫那些東西的科學家嗎？誰能保證那不是騙人的？

**莎拉：** 那些文章是經過能幹的評審，也就是其他科學家審核，而評審是由期刊編輯（鮑勃，不是雜誌）挑選的。

**查克：** 編輯不可能選擇懶惰或有偏見的評審，或假裝一篇文章經過審核，實則沒有嗎？莎拉，相信妳跟我一樣清楚，他們也是人。

**莎拉：** 當然，錯誤和詐騙時有所聞，但最後仍會真相大白，校正過來。

**鮑勃：** 這是妳的說法，但我不會稱之為證據。我們在這本科學期刊讀到的任何東西，搞不好在下一本就校正了。就算那是假的，也未必一定會被校正。

**莎拉：** 鮑勃，在這個世界，你不能指望有那麼多保證。

**鮑勃：** 洗衣機就可以，為什麼科學期刊不行？

**莎拉：** 你知道我不是指那種保證。那種保證也無法阻止機器故障。我們只能降低不可靠的程度。又來到可錯論了。

**查克：** 莎拉，妳不是一直叫我們接受妳堅定不移的科學觀點嗎？

莎拉：沒有，我沒有。那不像宗教。就算有失靈的時候，科學仍是我們獲得關於世界的知識時最佳的方法。那不是一時腦充血，毫無事實根據就為某個觀點不顧一切向前衝。我們都同意，「知道」不代表你可以叫偏執的懷疑住嘴。

查克：所以莎拉，這會兒妳是在診斷妳的對手有精神疾病嗎？以前蘇聯不就是這樣對付異議人士的嗎？

鮑勃：莎拉，妳是說我瘋了嗎？

莎拉：不是，當然不是，那是查克故意戳我。

查克：是我有人格缺陷，對吧，莎拉？我提出我對知識與權力密不可分的論點，妳不但沒有認真看待，還詆毀不接受妳觀點的人。妳透露了挑戰科學權威的人可能會獲得的待遇：精神治療。

鮑勃：查克，那會不會太誇張了？我從來沒有因為相信巫術而遭到迫害，或被關進神經病院，頂多有時招來一些異樣眼光罷了。

查克：我沒有不敬的意思，不過你不是什麼重要人士。你對科學權勢集團構不成威脅。但我們約略明白，當他們真正感覺受到威脅時，會採取什麼樣的手段。

莎拉：嘲弄不是比較有效嗎？要諷刺科學的對手——

那些地平論＊者──讓他們看來滑稽可笑，是輕
而易舉的事。

**查克：**是啊，莎拉，諷刺是保守派強而有力的工具。
根據未經檢驗的假設來開玩笑。用笑代替思考。

**莎拉：**從我的經驗來看，諷刺通常是抨擊政府，而非
攻擊反對者。如果我們不嘲笑那些可笑的事，
壞的統治者就又一次逃脫了。沒有人嘲笑他們
浮誇的辭令。一點幽默感是暴政的解毒劑。

**查克：**當政府顯然無法契合人民已經接受的價值觀，
它自然會垮臺。**我在意的是那些價值觀本身的
權威性。那就是隱藏的權力所在之處。**那些是
人民不會覺得好笑的價值觀。他們會嘲笑已經
過時的法官，而不會嘲笑公正。

**羅珊娜：**他們嘲笑所謂的真相，不是嘲笑真理。

**莎拉：**他們嘲笑所謂務實的理性，而非理性原則。

**鮑勃：**人們不嘲笑那些價值觀，當然是因為那些不好
笑。

**查克：**不對，鮑勃，是因為人們不嘲笑，它們才不好
笑。

**莎拉：**瘋狂的獨裁者可能會嘲笑真理、公正，甚至理
性。

鮑勃：若是如此，那他就錯了。

查克：從誰的觀點呢，鮑勃？

鮑勃：從所有正派人士的觀點。

查克：誰可以決定誰是正派的呢？

鮑勃：這個嘛，不管我正不正派，我都不會嘲笑真理、公正或理性。

莎拉：我也不會。

羅珊娜：我也不會。我剛已經體驗過沒有它們的情況了。

查克：好喔，你們各位，以真理、公正、理性等保守價值觀之名要我住嘴！你們有權力。你們人多勢眾，三比一。我敢說羅珊娜不會覺得邏輯好笑，而莎拉不會覺得科學好笑。

鮑勃：巫術也不是什麼好笑的事。

羅珊娜：有些邏輯方面的證明非常有趣。

查克：羅珊娜，對我們其他人來說可不是這樣。這一次我想我站在多數那邊。

羅珊娜：這是你的損失。是你講到知識和權力。你認為你這樣喋喋不休有什麼政治涵義呢？我不是在開玩笑。

---

＊認為地球是平面，而不是球體的人。

查克：解放啊，羅珊娜，涵義就是解放。妳語帶不屑地說我喋喋不休，而就是這樣的喋喋不休，把我們從價值觀霸權裡解放出來。<u>那些價值觀被看不見的結構加諸在我們身上，無聲無息，從來不是我們選擇的，我們也感覺不到。</u>正因有人喋喋不休，我們才會警覺有暗藏的思想掌控我們，接著挺身反抗。

莎拉：以什麼名義？

鮑勃：你要解放我們做什麼？

查克：看你喜歡做什麼啊，鮑勃。

莎拉：我們喜歡什麼，不就取決於我們重視什麼嗎？一旦你把我們從過去的價值觀解放出來，我們還擁有什麼價值觀？

查克：看妳選擇什麼價值觀啊，莎拉。

莎拉：沒有價值觀的人，要怎麼在價值觀之間做取捨呢？隨便選？

查克：莎拉，我說的不只是道德價值觀，還包括一切思考風格、生活方式、世界觀等等。

莎拉：那就更糟了。沒有任何思考模式的人要怎麼選擇思考模式？──不假思索？隨機思考也是一種思考模式（真的很差勁的一種）。

**鮑勃：**如果妳沒有任何思考模式，那一定是腦死了。

**莎拉：**查克，你反對理性論證底下的根本假設，你有沒有想過你這些言論會造成什麼樣的影響？這真正的後果，是破壞理性論證的威信。

**查克：**莎拉，那有什麼好怕的？妳是成年女性了，妳已經不需要老爸告訴妳該做什麼，更不需要妳稱為「理性論證」的偉大老爸了。

**莎拉：**別把我爸扯進來。不然我也可以輕易指控你根本還是個頑皮小男孩，被過度溺愛的爸媽寵壞的兒子，以為不管做什麼都不會被追究，還以招惹陌生人為樂。現在的議題是你破壞了理性論證的威信。<u>這樣的解放，是容許人民按照他們最深的偏見行事，不必講求理性。</u>不要想當然地以為，到時你一定可以接受人民在政治上的作為。如果他們覺得可以自由選擇不公不義和殘酷，你可能不會喜歡那樣的結果。你可能是第一個靠牆排隊站好被槍決的人。

**查克：**莎拉，那是任何革命思想家都必須面對的危險。

> "
> 妳語帶不屑地說我喋喋不休，而就是這樣
> 的喋喋不休，把我們從價值觀霸權裡解放
> 出來。
>
> "

鮑勃：我年輕時曾在一個公社住過兩年。他們說那是
　　　解放的市鎮，每個人的觀點都跟別人一樣好。
　　　但後來其中一些人根本就是老闆。

莎拉：都是男的嗎？

鮑勃：大部分是。惡霸。他們從沒打過誰，只是都很
　　　自以為是，油嘴滑舌。滿口黑話。

莎拉：決策怎麼做？

鮑勃：無止盡的開會。「自由、開放的討論」。如
　　　果你反對他們想要的，他們就跟你說到你筋疲
　　　力盡。讓你覺得你很蠢。表面上人人平等，但
　　　誰都看得出來誰是老大。他們想跟誰睡就跟誰
　　　睡。如果她抗拒，他們就說她被反動偏見桎
　　　梏，要解放她。有時在我看來比較像強暴。如
　　　果你試著跟他們爭論，他們就指控你認定你的
　　　觀點比其他人好。最後，我受夠了被解放，因

此離開了。查克，你的想法讓我聯想到他們的。

查克：鮑勃，你這樣很不公道。

羅珊娜：查克訴諸公平的價值觀。

查克：我認為鮑勃更重視公平，羅珊娜。

鮑勃：我是啊，你說我很不公道是什麼意思？

查克：首先，我做夢也沒想過要強暴任何人。

羅珊娜：多可憐，你清醒時的思想比你睡覺時還不守紀律。

查克：羅珊娜，我是發自內心尊重女性！我一個女性主義者朋友告訴我，我是她遇過最激進的女性主義者。

鮑勃：查克，我不是說你是強暴犯啦。只是你說話的方式，讓我想起他們說話的方式，就這樣。

查克：他們的理論觀點是什麼？

鮑勃：他們一直在爭論。理論、政治、領導權、解放，都那些。我一個字也聽不懂。

莎拉：聽起來像理論上的無政府，實務上的集體專制。

查克：莎拉，我不是無政府主義者。我的政治立場截然相反，遠比那複雜而多層次。反正，鮑勃，不管那些人自稱採取什麼樣的政治立場，我們都不能用你那個公社發生的事情來評斷它。把

所謂的經驗用來檢驗理論，未免單純到過於天真了。

莎拉：那正是評定理論的科學方法啊，將預測導入經驗進行測試。

查克：莎拉，別忘了，人可能會假裝應用他們其實根本不在意的政治原則，來讓他們的行動看來具正當性。他們也可能誤解了理論本身觀點的意涵。況且，實驗也可能因為反對理論的人出手干預而失敗。

莎拉：好，那如果我們不能用經驗來評判政治理論，有什麼更好的測試方法？

查克：莎拉，妳可以嚴謹地分析理論本身，來研判它有何內部矛盾，或者能否產生解放的效應。那不是從外面強加「真」的理性標準，只是從內部明確地闡述理論。

莎拉：好，一旦你明確闡述了，你要怎麼判斷它說的是不是真的？

查克：那個字又出現了！我認為我自己和其他像我這樣的人主要是賦能者。我們賦予人們知識工具來分析自己的情況和假想。他們要拿這些工具做什麼，是他們的事。

鮑勃：我知道了。你給人們炸彈。而他們要拿炸彈丟誰，是他們的事。

羅珊娜：幸好這些炸彈大多不會爆炸。

查克：它們有定時引信，遲早會爆炸的。

羅珊娜：那是製造商的說法。

查克：羅珊娜，妳不瞭解這種理論化的爆炸性有多強。那和現今政治的關係，遠比妳在電視新聞看到的大多數事物更重大，對明天的政治甚至更重要。

羅珊娜：對政治關聯性的聲明，也是它不具政治關聯性的表現。

查克：羅珊娜，想想現今的政治結構——誰在下一次選舉得多少票、拿幾個席次之類的。知識革命要花的時間比較久，但長期而言改革得更徹底。

莎拉：從科學觀點來看，政治上的理性論證和證據都太少。當你打壓對理性標準的尊重，你製造的混亂會變成政客隱身其後、躲避適當監督的煙幕，就算我相信你本意並非如此。**如果我指控某個政客造假，而他回答「假」是個危險的字，人民該放聲大笑。此時，要是人民的反應是尊敬地點頭，那我們就麻煩大了。**

查克：莎拉，我想要住在一個政府公開採行相對主義的國家。那不像絕對主義的國家有這麼豐富的資歷。

莎拉：你剛剛不是已經承認，有些相對主義者的行為就跟可錯論者一樣嗎？

查克：是沒錯。我不能代其他相對主義者發言，但我中意的那種相對主義政府，會更包容不同的文化和觀點。

莎拉：可錯論者也很包容啊。在你開始迫害做錯事的人之前，你得確定你是對的。

鮑勃：對某些人來說，迫害是一種樂趣，他們可能等不及確定就下手了。

羅珊娜：查克的政府會不准大家在公共生活使用「真」、「假」這種詞語嗎？在學校允許使用嗎？

查克：我的政府——如妳所稱——會提出問題，但不會規定答案。

羅珊娜：提出問題不是在治理。你不想治理，你只想批評。

查克：批評有什麼問題呢？

羅珊娜：你想怎樣批評就怎樣批評，但別驚訝有其他人做了決定。

**莎拉**：在科學上，批評理論是必要的，但先建構理論
　　　　也是。

**鮑勃**：如果只是為了擊倒，何必建立呢？

**莎拉**：不是所有理論都會被擊倒。有些是真的。血液
　　　　循環的理論是真的：血液確實會循環。也有些
　　　　假的理論夠接近真確，可用來做為有用的近似
　　　　值。雖然愛因斯坦駁斥了牛頓的物理學，但那
　　　　仍用來設計太空火箭。科學理論會像原告一樣
　　　　得到答辯機會。否則，它們都會未經公平審理
　　　　而被判罪，而其中有些是無辜的。

**查克**：「無辜」也有天真的意思。科學裡的批評永遠
　　　　是偏頗的，莎拉，它從來沒有質疑過科學最深
　　　　的預設。

**莎拉**：比如說？

**查克**：比如說把科學語言當成一種透明媒介，透過它
　　　　來觀看世界的可能性。

**鮑勃**：查克現在在說什麼？

**查克**：我的意思是，科學對待語言的方式，彷彿語言
　　　　是觀看世界的一扇窗。

**鮑勃**：有這樣嗎？它難道不是嗎？

**莎拉**：科學家喜歡繼續從事科學研究。他們用語言來

描述這個世界，不會浪費時間問有關語言本身的哲學問題。

查克：就是這樣。科學家不會停下來反省他們認為理所當然的事。

莎拉：你還沒證明科學真的預先假定語言是一扇窗，也沒證明為什麼這樣不好。

查克：妳也沒有證明科學沒有這樣，或這樣為什麼沒有問題。

莎拉：如果科學不管說什麼都得提出進一步的證明，那永遠沒辦法起步。

查克：或許妳所想像的科學永遠沒辦法起步。

莎拉：名副其實的科學早就起步了。它對我來說夠好了，瑕不掩瑜。

查克：莎拉，這就是我一直在控訴的保守思想。妳從不質疑科學運作的方式，或是那些它宣稱的事情。

莎拉：我不是說科學完美無瑕，但人生太短暫，<u>不可能永無止境地問問題，問問題的問題，問題的問題的問題……我們必須從某個地方開始。</u>

羅珊娜：查克的質疑也是選擇性的。質疑他不喜歡的，不質疑他喜歡的，就是他嚮往的治理方式吧？

莎拉：令人畏懼的獨裁者也可能像那樣運作，看似從

未發號施令，卻仍一直得到他想要的。他那些誠惶誠恐的爪牙，就算沒有接獲明確的命令，也會掃平他質疑的每一件事。

**鮑勃：** 誰會怕查克啊？

**查克：** 這就是我的謝禮嗎！我試著扮演你們兩位：莎拉、鮑勃的和事佬，結果被你們聯手霸凌。我問了一些問題，結果被指控想當獨裁者。

**羅珊娜：** 和事佬有時也有自己的議題。查克策略性地選擇問題，而非隨機。質疑真而不質疑解放，和質疑解放而不質疑真，效果截然不同。

**查克：** 羅珊娜，我兩個都質疑。

**羅珊娜：** 對你來說，你對某一條線的質疑似乎比另一條線來得迫切。

**莎拉：** 不管查克想幹嘛，我們沒辦法同意這一點嗎？──如果意見不合，我們應該讓它公開化，不要壓抑？

**查克：** 莎拉，要將意見不合公開化，最有效的方式就是開戰。

**莎拉：** 很明顯我不是那個意思。我是說把議題說清楚、講明白，消除任何曖昧含糊，才能確切研判我們的意見到底在哪裡分歧。

羅珊娜：外交手腕包括運用曖昧含糊的藝術，來建構出所有人都同意的言詞形式，以保住所有人的顏面。

莎拉：那是最後的手段，如果其餘只剩戰爭這個選項的話。但我們都不是一九一四年的歐洲政治家。只要釐清議題，我們就可以著手解決而用不著殺死對方。我們可以把不合之處隔離起來，鑑定出我們的共同點，以此做為理性辯論的起點，找出誰是對的，誰是錯的。

羅珊娜：有時候所有人都是錯的。

莎拉：那就更有理由釐清議題了。當然，沒有什麼理論是十全十美的。我剛描述的過程，能產生比我們一開始更好的理論。所有理論都可能對最後的結果有所貢獻。

羅珊娜：為什麼要期待美滿結局呢？為什麼非得有可能用理性辯論化解一切差異呢？

莎拉：假設我們對於某個問題的答案意見不一。首先，我們確認各自擁有什麼樣的證據。再來，看看我們的證據支持什麼樣的答案，進而取得共識。

羅珊娜：有時我們的證據哪個答案也不支持。

莎拉：那樣的話，我們的共識就是要保持未知及心胸

　　　　開闊，來蒐集更多證據。如果真的運氣不好，
　　　　可能就得永遠未知下去。但在科學領域，十之
　　　　八九，支持某一個答案的證據就會開始累積。

羅珊娜：從此王子與公主過著幸福快樂的日子。

　莎拉：這不是童話故事，這是理想化。

　鮑勃：差別在哪裡？

　莎拉：科學家一直在做理想化的事。物理學家在計
　　　　算時，常把星球當成有質量的點看待。如果沒
　　　　有這種簡化的模型，數學會難到連電腦都算不
　　　　出來。運算結果可能仍是相當準確的預測。然
　　　　而，童話故事做不出準確的預測。

羅珊娜：萬一雙方無法就他們擁有的證據達成共識呢？

　莎拉：那好辦。如果他們對於是否納入證據裡的某個
　　　　部分意見不一，他們可以同意將它排除。我們
　　　　只用意見一致的證據。

　鮑勃：當我說我感覺那個一身黑的女人是女巫，妳
　　　　只反對說，那不是適當的證據。妳沒有提出理
　　　　由，就把那自動排除了？

　莎拉：我不反對把「鮑勃說他感覺那個一身黑的女人
　　　　是女巫」納入我們的證據。我們都聽到你那樣
　　　　說了。但我之所以沒有採用，是因為我們不同

意你對這類事物的感覺。你只是**以為**她是女巫罷了。

鮑勃：假如還有其他瞭解巫術的人在場，他們也會有同樣的感覺。

查克：莎拉，妳不介意排除其他人的證據。但如果換成別人排除妳的證據，妳會作何感想？

莎拉：我的證據是經過科學驗證的。那不能排除在外。

查克：莎拉，不相信人為地球暖化的那些人，會駁斥妳某些科學證據的。他們可能宣稱科學家竄改數據，或毫不遲疑地駁斥，而不給理由。妳的證據被排除在外，只是因為不被認同。

羅珊娜：不用多久，就不會再有地球暖化的證據了。

鮑勃：噢，今天好熱啊，就每年這個時候來說。

查克：鮑勃，懷疑論者連你那句話都會懷疑。

莎拉：好，我的理想化太過理想化了。<u>他們不能只因為證據不合他們的意就不予接受。他們得提出充分的理由。</u>

羅珊娜：編造個什麼東西，稱它是好理由，是很簡單的事。

莎拉：那樣不夠。應該只有在雙方都同意有充分理由的時候，才能不採納為證據。

鮑勃：我就是感覺那個女人是女巫，我不同意有充分

　　　　　　　　理由可以拒絕我的感覺。

羅珊娜：照莎拉的標準，莎拉不得拒絕接受那是證據。

　莎拉：噢，這樣會失控吧？應該這樣說比較好：如
　　　　果有充分理由，就可以拒絕接受某項事物為證
　　　　據，就算有另一方的怪咖不同意。

羅珊娜：若是如此，那項證據就沒有得到共識。

　莎拉：這種程序可能只對通情達理的人有用。我不知
　　　　道該拿那些不講理的人怎麼辦。我想，得靠教
　　　　育吧。

　查克：莎拉，如果他們不想要你的教育怎麼辦？把他
　　　　們監禁起來，便於洗腦？

　鮑勃：我算通情達理嗎？

　莎拉：巫術除外。園藝的事情你很講理。

羅珊娜：妳為什麼認為通情達理的人就能取得對證據的
　　　　共識？

　莎拉：如果兩個人無法對共有的證據取得共識，那就
　　　　起碼有一個人不講理。

羅珊娜：哪一個？

　查克：羅珊娜，當然是不同意莎拉的那個。

　莎拉：我覺得你一直不太公道。我只是為取得共識的
　　　　理性過程，提供一個理想化的模型。我已經讓

步了。當然，現實可能沒有那麼乾淨俐落。但如果我們可以管理模型的概略近似值，那也是一種值得取得的進展。

查克：莎拉，妳要怎麼照妳所說的「管理」進展呢？妳要怎麼讓人們趨向妳的模型，而不是遠離？妳不會需要管控群眾、監控進展的力量嗎？那些往未經許可的方向前進的人，妳會對他們揮舞警棍吧。

莎拉：你說成這樣，好像人類天生不會朝我描述的方向移動、我們對理性討論全然陌生似的。如果我們真是如此，那我的模型恐怕毫無希望。但我沒那麼悲觀。**如果有一群人發現有實際問題需要解決，他們通常會理性討論，一致同意一個合理的解決方案。**

查克：莎拉，萬一對某些人而言，有宗教、道德或魔法方面的禁令，阻礙妳所謂顯而易見的解決方案形成，那該怎麼辦？爭議可能變本加厲，尤其如果其他人駁斥那些宗教、道德、魔法觀點的話。

莎拉：如果他們受過更好的教育，一開始就不會產生那些宗教、道德、魔法的偏見了。

查克：莎拉，誰會任命妳當教育部長？

莎拉：我才不想搞政治。

查克：那妳也沒辦法任命別人當教育部長了。莎拉，妳沒辦法不淌政治渾水又期望得到妳想要的。

羅珊娜：如同李爾王發現的情況。

莎拉：噢，我可以投票。可惜，我這一票無法造成多大的差異。我只能寄望別人認同我的看法。

鮑勃：別人認同嗎？

莎拉：唉，遠比我希望的少。

鮑勃：這樣說不知道能不能安慰到妳，教育部長其實無法掌控一般人民的想法。

查克：鮑勃，你為什麼這樣說呢？在很多國家，教育部長確實可以掌控學校教科書的內容。

鮑勃：我在學校遇到的問題就是，不管教科書寫什麼，都進不了我的腦袋。就算進來了，也待不久。

莎拉：我確定你的巫術信仰不是來自學校。那到底是從哪裡來的呢，鮑勃？

鮑勃：我小時候常給祖母照顧。她常講女巫的事，認為她有個鄰居是女巫。她可能是對的。每當我得一個人經過那個鄰居的屋子，都覺得好害怕。有時我會看到那個女人隔著窗子看著我。

十幾歲的時候，我沒有認真看待巫術。年紀更大一些後，我又開始思索了。我越想越覺得那合情合理。我也碰到了其他遇過巫術的人。有好多事情沒辦法用其他方式解釋。我的一生就是巫術的活證據。

莎拉：好個不科學的態度！

羅珊娜：<u>鮑勃接受巫術理論，是因為那比其他理論更能解釋他的證據。他依據最好的解釋做推論。</u>這是不科學的方法嗎？

莎拉：依最好的解釋推論當然是科學方法，但鮑勃無可救藥地誤用了。巫術不會是他那些遭遇的最佳解釋。不過我看得出來，我永遠沒辦法改變你的想法了。

鮑勃：莎拉，我也看得出來我永遠沒辦法改變妳對巫術的想法。

莎拉：如果有證據支持，我很樂意接受巫術。這是科學的態度。

鮑勃：不管我告訴妳什麼樣的遭遇，都不會改變妳的想法。就算我告訴妳我親眼看到女巫騎掃把飛過，妳也會指控我說謊，或記錯，或誤解。

莎拉：是啊，你是很有可能。

**鮑勃**：妳甚至根本沒問我有沒有親眼見過女巫騎掃把。

**莎拉**：你有嗎？

**鮑勃**：我沒有，但我朋友的朋友有。大家都知道他很
誠實。

**莎拉**：他可能很誠實，但說的未必為真。

**查克**：莎拉、鮑勃，如同我一開始自我介紹時所說，
兩位的對話僵持不下。你們都沒辦法改變對方
的想法。正因如此，你們需要一種有助於和平
共存的新態度。

**鮑勃**：什麼樣的新態度？

**查克**：首先，鮑勃，你們都該承認從對方的觀點來
看，對方是對的。

**莎拉**：這我們之前就聽過了。那只是承認對方以為自
己是對的。我不需要你幫忙也瞭解鮑勃以為他
是對的，而他也不需要你幫忙，就能瞭解我以
為我是對的。

**查克**：不只是這樣。你們兩位也要同意，你們各自都
能以自己的方式理解事情。

**莎拉**：不！鮑勃才不理解事情。只要細究他的想法，
就會明白那些想法無法適切地解釋任何事情，
也沒有提供嚴肅的預測，只是他一路拼湊的零

碎東西。

**鮑勃：** 才不是！我是沒辦法像科學家那樣給妳方程式啦。我念書時數學始終不怎麼好。但是，有遠比我聰明的人在研究巫術如何運作。更高等的女巫都知道。

**查克：** 從鮑勃的觀點，可以用巫術理解事物。而從莎拉的觀點，要用現代科學理解事物。

**莎拉：** 那只代表鮑勃**以為**可以用巫術理解事物，而我**以為**要用現代科學理解事物。我們也不需要你幫忙就能明白這些。

**羅珊娜：** 鮑勃和莎拉爭執不下，是因為他們的信念不相容。就算多加其他信念，不管是不是照查克的建議，原有的不相容依然存在。**要消除不相容，唯一之計是從鮑勃或莎拉、或兩個人身上去掉一些信念。**

**鮑勃：** 沒有人可以奪走我對巫術一絲一毫的信念。

**莎拉：** 我也不會放棄我一絲一毫的科學信念。

**查克：** 我不是要求你們放棄信念！我一直試著尊重兩種觀點，而非摧毀它們。

**莎拉：** 我對我的信念並不武斷。

**鮑勃：** 那是妳以為。

莎拉：我會在證據確鑿時加以修正。但查克，我不需
　　　要你那些可笑的理論來改變我的想法。

查克：沒有我那些可笑的理論，妳和鮑勃還可以在哪
　　　種架構裡面討論巫術而不大打出手？

鮑勃：我從不打女人。

莎拉：科學講理性，不用暴力。

查克：我不是說真的拳腳相向。**拒絕接納另一人的觀
　　　點本身就是一種暴力**，是最陰險狡詐的一種。

莎拉：你最早打斷我們的時候，我們大約再三分鐘就
　　　可以同意彼此有不同意見了。你有帶給我們更
　　　好的結果嗎？

羅珊娜：他帶給你們其他的爭執話題，還有新的爭執對
　　　象。

莎拉：謝謝你喔，查克。我喜歡好的辯論。我不喜歡
　　　住在毫無異議的世界。那太無聊了！

鮑勃：我倒是不介意。

查克：起碼我提醒你們用真假、對錯思考而不包容對
　　　方的危險。

莎拉：就我所學到的，試著不用真假對錯思考而陷入
　　　矛盾，才真的危險。

鮑勃：我想我從羅珊娜那裡學到的是，照邏輯的方式

運用真假對錯思考是常識，只是要小心處理。

莎拉：我發現可錯論沒有我以為的那麼直截了當。拿可錯論和知識玩拋接，是很難久久不掉下來的。但我們必須這麼做。

鮑勃：這我要幫查克說話。他證實我的懷疑沒錯：科學與政治的差別，並沒有科學家假裝的那麼大。**知識始終混雜著權力**。不過，那不代表它只是權力。

查克：好唷，鮑勃，至少你有抓到我說的其中一點。不過，你和莎拉還是沒有解開你們最初在巫術方面的僵局。我給兩位一條逃生路線，結果兩位都拒絕。

羅珊娜：因為那條路哪裡也去不了。他們不可能同意的。假裝同意一點意義也沒有。

莎拉：就算意見不合，我們也能過得很快樂。

鮑勃：我比較希望我們意見一致。

查克：所以羅珊娜，妳怎麼詮釋他們的僵局呢？

羅珊娜：巫術要嘛有作用，要嘛沒作用。就這點而言，要嘛鮑勃對、莎拉錯，要嘛莎拉對、鮑勃錯。我知道非此即彼，但不在意誰錯誰對。我對巫術的問題不特別感興趣。我會聽他們爭論，只是

把那當成一個有教育意義的例子，證明未受過訓練的兩個人辯論有多雜亂無章。依據非形式論證的一般規則，他們兩位都沒有決定性優勢。

**查克：**是不是？羅珊娜，我就是那個意思。

**羅珊娜：**查克，你在主張你的觀點，或試圖捍衛你的觀點時，表現得比他們還糟，因為你一直改變你的立場卻不承認。

**查克：**羅珊娜，那叫彈性。

**羅珊娜：**不，那叫「亂成一團」。不管怎麼看，非形式論證的一般規則，能讓任何智力中等但態度堅定的參與者永遠不被擊敗，只要持續質疑對方的主張就行。這不是有趣的試驗。

**查克：**那什麼是有趣的試驗呢？

**羅珊娜：**在純粹的邏輯和數學之外，有趣的試驗更難裁判得多。它們包括這樣的試驗：哪一種理論能最好地解釋證據？鮑勃和莎拉都試著應用這個試驗，只不過手法粗糙，結果自相矛盾罷了。

**查克：**羅珊娜，妳的意思是他們平手。

**羅珊娜：**不是。我的意思是需要很好的裁判，才能判定誰輸誰贏。裁判不管宣判哪一邊獲勝，另一邊一定都會指控裁判偏頗。查克想要兩面討好，

所以不敢宣布勝方，就連在心裡宣布也不敢。

結果，雙方都不喜歡他，也不把他當成朋友。

**莎拉**：查克，我不討厭你啦。

**鮑勃**：我也不會。

**查克**：是平手。起碼莎拉、鮑勃，你們兩位不會因為我說兩位平手就嫌惡我。羅珊娜，那妳呢？妳會宣判結果嗎？

**羅珊娜**：不會。我跟查克一樣，不會宣判誰贏誰輸，但跟查克不一樣的是，我也不會宣判平手。

**查克**：為什麼不會？

**羅珊娜**：他們的表現可能各有優缺點，兩人也都沒有表現得很好。我沒有興趣評估他們誰表現比較差。不只是評估標準混亂不清、難以說明，就連有哪些證據該被解釋也不明確。我寧可解決定義比較精確的問題。

**查克**：羅珊娜，妳不在乎人們喜不喜歡妳，對不對？

**羅珊娜**：不在乎。如果在乎，我可能會像你一樣變得腦袋混沌。我甚至不在乎我喜不喜歡自己。我比較喜歡採用純邏輯的觀點。

**莎拉**：鮑勃，雖然你有那些瘋狂的反科學觀念，我仍不由自主地喜歡你。

**鮑勃**：莎拉，我也情不自禁地喜歡妳，雖然妳心胸狹
　　　隘地崇拜傳統科學。

**查克**：太棒了。鮑勃、莎拉，請別以為我會覺得被忽
　　　略。我還沒結束唷。

「你選你的道德觀，我選我的道德觀。

　但我的道德觀叫我防止你的道德觀會產生的某些影響，

　方法是別讓家長毆打他們的小孩。」

# 美德的邪惡

「在一些國家，飯後打嗝是有禮貌的，但在這裡就很粗魯。
誰認為他們的規矩絕對比我們好，或比我們壞呢？」

莎拉：你們有看到那個女的嗎？穿很可怕的粉紅色那
　　　個。她剛賞了她的小男孩一巴掌，很用力，只因
　　　為他在哭。我好想告她喔。你們看！她又打了。

鮑勃：我媽常打我耳光，受不了我的時候就會打。但
　　　那從來沒有給我造成任何創傷。我還寧可她打
　　　我，也不要她冷冷地、不言不語地生我的氣。

查克：時代變了啦，鮑勃。

莎拉：對小孩施暴超可恥的。社工該介入。

鮑勃：然後把她兒子交給機構照顧？

莎拉：如果有必要的話。

**鮑勃**：對他來說，這會比繼續給他媽媽照顧、挨幾個
　　　巴掌糟糕得多。

**莎拉**：鮑勃，你怎麼可以這麼自以為是？那個孩子是
　　　在我們面前身心受創欸。

**鮑勃**：他現在看起來快樂得很，又在玩了。

**莎拉**：你不知道會有什麼長期影響。那個孩子可能受
　　　到一輩子的傷害。

**鮑勃**：像我這樣？

**莎拉**：假如你媽沒有對你施暴，你也許就不必躲到荒
　　　謬的迷信裡面去了。

**鮑勃**：那不是施暴，只是打耳光。

**莎拉**：打耳光就是施暴。如果我現在打你耳光──說
　　　真的，我好想賞你兩巴掌，讓你明白事理──
　　　我可能會因傷害罪被起訴。孩子又沒有防衛能
　　　力，起碼該得到和成人一樣的法律保護，尤其
　　　施暴者還是那些應該要保護他們的人。

**鮑勃**：妳一直說我們凡事都要講科學。妳對打耳光的
　　　想法有科學證據嗎？

**莎拉**：我相信一定有夠多數據，可以證明打小孩會造
　　　成長久的傷害。

**鮑勃**：妳的意思是妳講不出來，只是相信一定有。不

管怎麼說，爸媽有權利用他們認為適當的方式
教養小孩。他們最清楚自己的孩子需要什麼。

莎拉：不見得。那個女人顯然不清楚，甚至有爸媽殺死
自己的小孩。那也叫最清楚他們需要什麼嗎？

鮑勃：殺死小孩不是教養小孩。反正我不是在講那些
發瘋的爸媽啦，我是說正常的爸媽。前面那個
女的沒瘋，只是累了或煩了，因為得從早到晚
照顧一個唉唉叫的小搗蛋。正常的爸媽有權用
他們認為適當的方式教養小孩啦。

莎拉：就算科學證實那些方式會對小孩造成傷害？

鮑勃：科學家無權決定那個男孩該用什麼方式照顧。
那是他媽的權利。她有權決定要不要依照科學
的建議養育他。有時，男孩就是需要賞個老派
的巴掌。

莎拉：我不認為她知道科學建議她怎麼做。

鮑勃：好啊，如果妳真的氣到不行，就去跟她講啊。

莎拉：我這就去。總要有人採取行動。

查克：妳確定這是明智之舉嗎？……來不及了。

鮑勃：我覺得她沒有把我講的話當回事。她說到做
到，我們的行動派女子莎拉。她在跟那個女人
講了。太吵了，我聽不到她們說什麼。查克，

你聽得到嗎？

查克：聽不到。鮑勃，也許你該更加小心，別激怒莎
　　　拉。

鮑勃：我知道，她什麼都好認真。不知道情況怎麼樣
　　　了……啊，她回來了。莎拉，她怎麼說？

莎拉：她說的我只聽懂一半。其中大部分是髒話，我
　　　不想重述。

鮑勃：她的男孩有說什麼嗎？

莎拉：他又開始哭了。然後她威脅要報警抓我，因為
　　　我嚇到他了——這我可以理解。沒道理繼續下
　　　去了。

鮑勃：根本沒道理開始。

莎拉：這整件事正好印證我的懷疑，那個小孩該帶去
　　　給機構照顧。

鮑勃：那是科學告訴妳的嗎，或妳只是不爽她咒罵妳？

莎拉：你說得對。我必須小心不要失去客觀。但在我過
　　　去跟她說話之前，我就反對她甩小孩巴掌了。

鮑勃：**不管法律怎麼規定，她都有道德權利甩他巴掌，**
　　　**妳的科學沒辦法證明她沒有。**

莎拉：科學可以證明家庭暴力對孩童健康快樂的長期
　　　傷害。

鮑勃：我是在講母親的權利。她有權運用她自己的判斷來教養她的小孩。

莎拉：如果事實擺明是她自己的判斷無知又愚蠢，她就沒有那種權利。

鮑勃：她有權利打他耳光！

莎拉：你錯了，她沒有！

查克：鮑勃、莎拉，我又來囉。你們又僵持不下囉。

羅珊娜：莎拉的科學對道德權利有何說法？

莎拉：噢，「道德權利」不是科學名詞。**你沒辦法測量道德權利，但你可以測量健康，甚至快樂。**討論這些是比較科學的做法。

鮑勃：別轉移話題。我是在講一名母親的道德權利。

莎拉：這種情緒性語言不會有任何結果。要在討論兒童教養方面有所進展，我們得開始用比較實際的詞彙。

鮑勃：母親有打小孩耳光的道德權利，這是事實。

莎拉：道德權利不是事實，是見仁見智的問題。事實是可以用科學方法測量的事情。

羅珊娜：一旦科學家完成所有測量工作，他們要如何判定該做什麼？

莎拉：他們可以建議最可能促進健康快樂的選項。

羅珊娜：他們認為道德理論就是我們該盡可能促進健康
　　　　快樂嗎？

　莎拉：不然還有什麼？

羅珊娜：有無數多種。

　查克：莎拉，道德理論說你該盡可能促進的事物，不
　　　　會只有健康快樂。有人說你該盡可能擴大總愉
　　　　悅減去總痛苦的結果。

　莎拉：那不是一樣的東西嗎？

　查克：不盡然。比方說，如果妳要將總愉悅減去總痛
　　　　苦的差最大化，可以讓每個人服用一種藥丸，
　　　　先帶來十秒鐘超乎想像的極度歡愉，然後馬上
　　　　暴斃──就像性愛，只不過程度更高。但那種
　　　　藥丸不可能被列為健康品項。

　莎拉：有那種後果就不可能。那也不是我所說的快
　　　　樂。我說的是在心裡更長久的感覺。

　鮑勃：我不懂什麼最大化。那跟一個母親有權用她認
　　　　為適當的方式教養小孩，有什麼關係？

羅珊娜：莎拉說要讓科學家選擇道德理論，這一點也不
　　　　科學。

　莎拉：我想得不夠清楚。**選擇道德理論是做價值判
　　　　斷，而科學不做價值判斷。選擇道德觀最終是個**

人喜好的問題。

**羅珊娜：** 就跟選擇房間牆壁的顏色一樣？

**莎拉：** 這個嘛，我的道德觀會影響到的人，比我房間牆壁的顏色要來得多。

**鮑勃：** 我可以單純因個人喜好就選擇某種道德觀嗎？

**莎拉：** 你選你的道德觀，我選我的道德觀。但我的道德觀叫我防止你的道德觀會產生的某些影響，方法是別讓家長毆打他們的小孩。

**鮑勃：** 妳的道德觀試圖阻撓我的道德觀，但妳沒有說妳的是對的、我的是錯的？

**莎拉：** <u>就你的喜好而言，你的道德觀是對的；就我的喜好而言，我的道德觀是對的。沒有哪種道德觀是絕對的真或絕對的假。</u>

**查克：** 莎拉，所以妳到底是個相對主義者嘛。我就知道最後妳一定會上車的。

**羅珊娜：** 感染疾病可不是上車。

**莎拉：** 我又不是查克（而我不喜歡妳的比喻，一如不喜歡他的）。對於科學，我不是相對主義者。有些科學理論是絕對的真，有些則是絕對的假。透過科學方法，我們可以找出孰真孰假。<u>但科學方法不能應用到道德觀上。</u>你無法觀察，無

　　　　法測量。它們是被發明的「質」，不是被發現的
　　　　「量」。所以，我只在道德觀方面是相對主義
　　　　者，是道德相對主義者。

**鮑勃**：莎拉，妳想法變來變去的，我跟不上。我不久
　　　　前才聽到，妳和羅珊娜認為查克的相對主義充
　　　　滿漏洞。妳新的道德相對主義難道就沒有同樣
　　　　的漏洞嗎？

**莎拉**：問得合理。不過其中有個關鍵的差異。查克是
　　　　*每一件事*都想抱持相對主義。那就是我們永遠
　　　　定不住他的原因。

**查克**：我又不是死掉的蝴蝶。

**羅珊娜**：是隻活蝴蝶，心智也跟蝴蝶一樣。

**莎拉**：不管查克說什麼，他都會再把他的觀點相對
　　　　化。他甚至得對他的相對主義抱持相對主義。
　　　　那就是他陷入麻煩的原因。

**查克**：我才沒有陷入麻煩。

**羅珊娜**：那正是你的麻煩。

**莎拉**：我的道德相對主義只在意道德信念，也就是我
　　　　們該做什麼的信念。道德相對主義不會告訴你
　　　　該做什麼，所以我不必再對此抱持相對主義。
　　　　道德相對主義是*絕對*的真，不只是對我為真。

不管誰怎麼想，它都是真的。它有所限制，因此可以防禦，跟查克的不一樣。

查克：「限制」是我想說的重點。

羅珊娜：改變主意後，莎拉還堅持該做的是把健康快樂最大化嗎？

莎拉：當然。我不曾改變我在這回討論裡的道德觀。我依然譴責掌摑小孩。我只是得提醒自己道德和科學大不相同。

羅珊娜：可是，妳還是認為健康快樂可以用科學方法測量？

莎拉：當然，原則上可以。

羅珊娜：所以妳的道德理論說我們該最大化的量，這也是可以用科學方法測量的。

莎拉：是，這正是像我這種道德理論的好處之一。

羅珊娜：那妳為什麼認為道德的質不能測量？

莎拉：喔，我明白妳的意思。但是測量標準跟我的道德理論有關係。

羅珊娜：妳的意思是，<u>拿那些標準測量最大化的結果是否正確，取決於妳的理論？</u>

莎拉：我想是這樣沒錯。

羅珊娜：所有科學都像這樣。當妳用一支普通的溫度計

　　　　　量氣溫，它的正確性建立在水銀作用的理論。
　　　　　你要先接受有關水銀的理論，才會接受溫度可
　　　　　以用水銀溫度計測量。

莎拉：我個人確實認為可以測量我們該做的事。但那
　　　　跟我的觀點有關係。

查克：莎拉，加油！

莎拉：沒有你的支持我會更有信心。

查克：之前，妳將妳的道德相對主義建立在道德特質
　　　　不可測量上。現在妳又說那可以測量，卻仍然
　　　　堅持妳的道德相對主義。

莎拉：我沒有說得很清楚。差別在於我們可以對科學問
　　　　題的答案取得共識，道德問題卻無法意見一致。
　　　　你也看到我和鮑勃對打小孩的道德僵持不下。

查克：莎拉，我也看到妳和鮑勃對他的牆倒塌的原因
　　　　僵持不下。那在妳看來是科學問題，而不是道
　　　　德問題。

莎拉：那時鮑勃對巫術不講理啊。

羅珊娜：但這次他對打小孩就講理了？

莎拉：沒，他蠻不講理！從我的觀點是如此。從他的
　　　　觀點，打小孩這件事他完全合理。

鮑勃：對極了。

**羅珊娜**：從鮑勃的觀點，巫術的事他也完全合理。

**鮑勃**：這也對極了。

**莎拉**：我想從你的觀點來看，是這樣沒錯。但就巫術的例子，你的觀點就是錯的。打小孩的例子，則是見解問題。

**羅珊娜**：這就是妳認為該爭論的差異。

**莎拉**：妳看，就算很難說得精確，<u>但科學主張可以用某種方式檢驗，道德主張則不能</u>，這不是很明顯的事嗎？

**查克**：我覺得不明顯欸，莎拉。<u>**所有檢驗都取決於觀點。**</u>

**莎拉**：好，查克，我覺得差別很明顯。所以，我會用真假來描述科學主張，而不會用來描述道德主張。

**羅珊娜**：但妳還是會做出道德主張？妳還是會說打小孩是錯的？

**莎拉**：對。打小孩是錯的。

**羅珊娜**：不過，妳幾秒鐘前才說，妳不會用「真」來描述道德主張？

**莎拉**：對。「打小孩是錯的」這句話不是真的。

**鮑勃**：莎拉，請拿定主意。妳先說了一件事，然後又說妳說的不是真的。

羅珊娜：莎拉又違反真理的基本邏輯了。

　莎拉：好，「打小孩是錯的」這句話是真的。從我的
　　　　觀點來看是如此，從鮑勃的不是。

　鮑勃：現在妳變得跟查克一樣油嘴滑舌了。

　查克：油嘴滑舌總比過分單純好。

　鮑勃：莎拉，如果妳認為某件事是真的，妳難道不能
　　　　直接說那是真的，不要像個狡猾的律師那樣修
　　　　飾嗎？

　莎拉：好啊，鮑勃，如果你堅持的話，「打小孩是錯
　　　　的」為真。

羅珊娜：莎拉到頭來還是用真假描述道德主張了。

　莎拉：唉，這種有關道德的相對主義，沒比查克什麼
　　　　都扯的相對主義高明多少。把它限定於道德並
　　　　沒辦法塞住所有漏洞。


“

就你的喜好而言，你的道德觀是對的；就
我的喜好而言，我的道德觀是對的。沒有
哪種道德觀是絕對的真或絕對的假。

”

查克：莎拉，也許從像道德那麼大的議題著手不太聰明。從小一點的事情開始逐步發展可能比較好。

莎拉：什麼意思？

查克：先從沒那麼重要的事情開始啊，比如禮貌。

鮑勃：從小大人就教我禮貌很重要，我也這麼認為。不過我得承認，我常像男孩一樣放肆。

查克：不過鮑勃，禮貌不像道德那樣，是攸關生死的問題吧。

鮑勃：也可能是啊。這年頭可是有人因為對幫派老大表現出不敬，就在街上被槍殺了。

莎拉：那是過度反應啦。這倒是支持查克的論點：殺人違反道德，遠比不敬違反禮儀來得嚴重。

查克：莎拉，謝謝妳唷。就舉打嗝為例。在一些國家，飯後打嗝是有禮貌的，但在這裡就很粗魯。誰認為他們的規矩絕對比我們好，或比我們壞呢？

羅珊娜：我弟以前吃完飯常打嗝。文化上是可以接受，但我覺得噁心。

鮑勃：我堂弟覺得飯後不打個嗝是不自然又傲慢的事。

查克：各位，那些反應會互相抵銷，好嗎？文化很複雜，但為方便討論起見，讓我們假裝事情很單

純：有打嗝的文化和不打嗝的文化。對不打嗝
的文化來說，飯後打嗝是粗魯的，對打嗝的文
化來說，飯後打嗝是有禮貌的。**粗魯或有禮貌
不是絕對的。**在打嗝這樣的例子，我們都是相
對主義者。我們可以用它做為樣板，研究出如
何在更困難的例子，比如道德，做個相對主義
者。

羅珊娜：打嗝的人是誰，以及在什麼情況下打嗝很重要。

莎拉：當然。如果我在這個國家的這班火車上飯後打
嗝，那很粗魯。如果羅珊娜的弟弟在他的國家、
他的家裡飯後打嗝，就不失禮貌。至於他在這
班火車上打嗝，或我在他家裡打嗝是怎樣，我
就沒那麼肯定了。

羅珊娜：他會大笑。不要理他就好了。莎拉不認為打嗝
有沒有禮貌是由描述的人決定，她認為那取決
於打嗝的人和情境。

查克：有什麼差別？

莎拉：如果我認為羅珊娜的弟弟在他自家裡打嗝很粗
魯，那我就錯了，是對他的文化一無所知。他
在他家裡打嗝不是相對於他的文化來說有禮
貌，相對於我的文化來說粗魯。不管怎樣，那

就是有禮貌的。他的文化才是決定因素，因為
打嗝是發生在他的文化之中。

**鮑勃**：咯咯⋯⋯咯。

**莎拉**：鮑勃，你真的來！

**鮑勃**：抱歉。我忍不住要給妳一個實例討論。

**莎拉**：謝謝唷。要是羅珊娜的弟弟在這裡，他說不定
會認為鮑勃打嗝是有禮貌的。

**羅珊娜**：他會的。

**莎拉**：但那樣他就錯了，因為他對我們的文化一無所
知。

**羅珊娜**：是不屑。

**莎拉**：都可以，反正鮑勃打嗝不是對妳弟的文化有禮
貌，對我——和鮑勃的——文化粗魯。不管怎
樣那就是粗魯。只有我們的文化算數，因為事
情是發生在這裡。

**羅珊娜**：相對主義無法就打嗝一事提供有文化敏感度的
分類。

**查克**：羅珊娜，暫時撇開個別的打嗝，對於像「打嗝
很粗魯」、「打嗝有禮貌」之類的概括性說法，
我們還是相對主義者啊。

**莎拉**：不，這兩種概括性說法都是假的。羅珊娜的弟

弟打嗝就是「打嗝很粗魯」的反例，鮑勃打嗝就是「打嗝有禮貌」的反例。

查克：莎拉，妳把說這種話的人詮釋成不分文化一概而論。或許他們只是講他們自己的文化。所以，如果妳說「打嗝很粗魯」、羅珊娜的弟弟說「打嗝有禮貌」，你們兩個都只是在講自己的文化而已。

羅珊娜：這不叫相對主義，而只是這種普遍現象的例子：<u>一個句子表達的意思取決於它的脈絡，也就是說話的情境。</u>實際上，莎拉說的是「打嗝在我的文化很粗魯」，而我弟說的是「打嗝在我的文化有禮貌」。他們的說法是一致的，就像莎拉說「我是女人」、我弟說「我不是女人」一樣。<u>只要敘述得到釐清，很明顯對兩種文化而言，莎拉和我弟說的皆為真。</u>

莎拉：就像法律。打小孩耳光在某些國家合法，某些國家違法。打巴掌合不合法取決於它發生在哪裡。出了你的司法管轄區，你就不能說打巴掌合不合法了。這跟觀點相不相對沒有關係。

羅珊娜：查克以為禮貌是相對主義的簡單例子，結果判斷錯誤。

莎拉：道德則不同。**每個文化可以決定文化裡面哪些**
**行為有禮，哪些行為粗魯，但不能決定哪些行為**
**道德正確，哪些行為道德錯誤。**就算另一個社
會裡每一個人都認為蓄奴是對的——甚至奴隸
本身也這麼覺得——那仍無法為我們解決這個
問題。我們仍然譴責他們的奴隸制度是錯的。

羅珊娜：關於譴責蓄奴這件事，莎拉仍是相對主義者嗎？

莎拉：對。我沒有見到什麼科學根據讓我採取其他態
度。不過，我得承認我還不十分瞭解道德相對
主義是如何運作的。

羅珊娜：妳支持仰賴外部干預解放奴隸嗎？

莎拉：支持。蓄奴不可容忍。

羅珊娜：如果要妳向蓄奴人士提出解釋的正當理由，妳
會怎麼說？

莎拉：我會聊聊奴隸如何受苦，試著讓蓄奴人士從奴
隸的觀點看事情。

羅珊娜：蓄奴人士聽說妳相信道德相對主義。他們問
妳，妳譴責蓄奴絕對比他們捍衛蓄奴好嗎？妳
要怎麼回答？

莎拉：我明白，就政治而言，坦承自己是相對主義者
或許不是什麼明智之舉，但我也不想對他們不

老實。要是我勸不了他們自願放棄蓄奴，我想我只會在有優勢軍力時出手干預。我會告訴他們，我採取軍事介入是因為他們不講理。

查克：莎拉，如果妳的觀點不是絕對比他們好，要怎麼讓他們改採妳「講理」的觀點呢？

莎拉：我可以只告訴他們，我有力量解放奴隸，且準備動用。

鮑勃：以暴制暴是吧？

查克：莎拉，如果權力平衡改變，他們很可能只告訴妳他們有力量奴役妳，且準備動用。

莎拉：也許不管我告訴蓄奴人士什麼，都無關緊要。不管我說什麼，可能都無法改變他們的想法。我們不該讓奴隸戴著鐐銬等待奇蹟發生，等待我找到說服蓄奴人士拋棄所有偏見的論據。

羅珊娜：就算妳沒辦法為妳的干預找到能說服蓄奴人士的理由，妳可能也想找到能說服妳自己的理由。

莎拉：當然。要覺得採取軍事行動具有正當性，我必須認為解放奴隸比什麼也不做來得好──絕對比較好，而不只是從我的觀點來看比較好。但那不是道德相對主義者該說的話，對吧？

> "
> 每個文化可以決定文化裡面哪些行為有
> 禮，哪些行為粗魯，但不能決定哪些行為
> 道德正確，哪些行為道德錯誤。
> "

查克：好，既然你們都拿禮貌的問題小題大作，那就
讓我們試玩一個不同的簡單例子，來證明相對
主義如何運作。就討論有趣和無聊的差異好
了。這對我們真的很重要。我們想把時間花在
做有趣的事情，而非無聊的事情。我們想和有
趣的人相處（像你們三位），而不想見到無聊
的人。但無不無聊因人而異。羅珊娜，妳講的
事情我很感興趣，但很多人會覺得無聊。

羅珊娜：據你的尼采的說法，為真理辯護的人最少的時
候，不是它危險的時候，而是它無趣的時候。
我喜歡無趣的真勝過有趣的假。

莎拉：我可不能拿不干預比干預無聊，做為軍事干預
的藉口。

查克：這我知道啦。莎拉，現在我是暫且將道德觀所
有特別複雜的部分擱置一旁，從比較單純的例

子著手。我的論點是這樣的：如果某件事讓我感興趣，我就可以說「它很有趣」。如果別人覺得那很無聊，他們可以說「那很無聊」。那對我有趣，對他們無聊，就這樣。問那究竟是絕對有趣還是絕對無聊，是毫無意義的。

**羅珊娜：**如果有人覺得某件事情無聊，就說它「無聊」，他可能是錯的嗎？

**查克：**怎麼可能啦，羅珊娜？無聊的東西就是讓人覺得無聊的東西啊。

**羅珊娜：**即使那是因為他注意力不夠集中，所以才感到無聊嗎？

**查克：**那對他來說還是無聊啊，羅珊娜。如果我因為注意力更集中，所以不覺得無聊，那對我來說就不無聊。

**莎拉：**想像你要寫一本書，查克，充滿迷人的素材。

**查克：**我喜歡這個例子。

**莎拉：**查克，我就認為你會喜歡，起碼這個部分，不過再來就掃興了。一家報社找記者審閱你的書。他不幸是個懶鬼，且無聊的門檻很低。他只隨便翻了翻你的書，讀得太淺，所以不受吸引。他在他的書評上寫：「查克的書很無聊。」

他的敘述不是假的嗎？

查克：我不會說那是假的，只是會誤導人。如果他說
「查克的書讓我覺得無聊，但可能會有其他讀
者感興趣」，會比較誠實而開明。

羅珊娜：誰覺得什麼無聊的敘述並不切題，且不是相對
主義的議題。你的書的確讓那名記者覺得無
聊，不這麼想的人是搞錯了。<u>只有認為那本書
有趣或無聊，不特別指明對誰而言的時候，才涉
及相對主義的議題。</u>

莎拉：書評的目的當然不只是表達評論者對那本書
獨特的反應。那是要告訴準讀者那本書在講什
麼，讓他們可以根據資訊選擇要不要花錢買。
評論者覺不覺得無聊很重要，因為那篇書評的
讀者會把那當成自己會不會覺得無聊的證據。
在書評中，「無聊」、「有趣」等詞語，應該
意指那會讓書評的讀者覺得無聊或有趣，而非
評論者覺得無聊或有趣。

查克：很公道。當那些話被說出口，聽者的反應跟說
話者一樣重要。不過我的論點依然適用，因為
受眾，包括潛在的受眾，人人不同。會計學的
談話可能會讓會計師感興趣，但足球迷就覺得

無聊了。

**鮑勃**：我在足球賽碰過好幾個會計師呢。

**查克**：是啊，鮑勃，但多數足球迷不是會計師。我講
的是一般的傾向。就拿不是足球迷的會計師，
和不是會計師的足球迷做例子好了。會計師一
致認為談話很有趣，足球迷一致認為很無聊。
在某種意義上，雙方意見不合，但雙方都沒有
錯。這就是相對主義起作用的地方。

**莎拉**：這在我聽來不是真的意見不合。會計師的意見
是「會計師覺得談話有趣」，足球迷的意見是「足
球迷覺得那很無聊」。這兩句話沒有意見不合。

**查克**：莎拉，他們或許不瞭解這些限定條件的必要性。

**莎拉**：好，如果會計師的意思是「人人都覺得談話有
趣」，那他們就錯了。如果足球迷的意思是「人
人都覺得那很無聊」，那他們也錯了。<u>這樣雙方
都錯了。</u>

**鮑勃**：要是那些會計師像我遇到的那些人，他們會認
為人人都該覺得那場談話很有趣，然後說其他
足球迷是因為愚蠢、無知才會覺得無聊。而如
果那些足球迷像我遇過的一些人，他們會認為
人人都該覺得那場談話很無聊，然後說那些會

計師是個性乏味，才會感興趣。

羅珊娜：一個東西有趣，並不是指人們對它感到有趣，而是人們應該對它感到有趣；一個東西無聊，並不是指人們對它感到無聊，而是指人們應該對它感到無聊。*

莎拉：如果那是雙方想表達的意思，那他們對每個人該對那場談話作何反應，就意見不一了。我還是會說雙方都錯了。會計師錯了是因為，足球迷沒有義務覺得談話有趣。足球迷錯了是因為，會計師沒有義務覺得談話無聊。

羅珊娜：莎拉對義務的相對主義到哪裡去了？

莎拉：跟著查克，把它擱到一旁了。

羅珊娜：總算鬆一口氣了。

鮑勃：每個人都該對巫術感興趣，不然就太危險了。

莎拉：不，值得每個人關注的是科學，而非巫術。就算科學讓全世界每一個人覺得無聊，那也是證明人們普遍沒有好奇心。就算沒有人承認，科學仍舊是有趣的。

查克：本身有趣卻沒有任何真人覺得有趣，這是什麼概念啊？無論如何，如果我們又把「有趣」和「無聊」當成價值觀看待，它們又會變得太複

　　雜，而不能當作相對主義的有用樣板了。讓我
　　們簡單點，把有趣當成有人覺得有趣，無聊當
　　成有人覺得無聊看待就好。

**莎拉：**誰覺得有趣，誰覺得無聊？

**查克：**視脈絡，也就是說話的情境而定。

**莎拉：**所以在會計學的脈絡，「有趣」和「無聊」就
　　　　是讓會計師覺得有趣或無聊的意思。在足球的
　　　　脈絡，則是讓足球迷覺得有趣或無聊的意思？

**查克：**對，就照這樣來討論。

**莎拉：**這我們之前就講過了。如果那場談話在會計學
　　　　脈絡被稱為「有趣」、足球脈絡被稱為「無聊」，
　　　　沒有人有錯，但也沒有意見不合。就只是表述
　　　　而已。

**查克：**萬一在某個共同的脈絡，有一位會計師說那
　　　　「有趣」，一位足球迷說那「無聊」，那又如
　　　　何？

---

*審註：羅珊娜在這裡想要提出某種對「有趣」的特別觀點，認為如果某事是
　　有趣的（interesting），指的並不是實際上某個人覺得那件事有趣，而是人
　　們應該對那件事感到有趣。根據這個觀點，在英文中，現在分詞 interesting
　　指的是事物的性質，而過去分詞 interested 代表人們對事物的心理狀態。在
　　這個觀點下，當一個東西有趣，但有些人不覺得有趣，代表這些人沒有認識
　　到那個東西具有一些令人感到有趣的特性。

莎拉：照你所說，在共同的脈絡裡，有一個比較組，我們只看他們的反應——或許全是會計師，或全是足球迷，或許只有也是足球迷的會計師，諸如此類。

查克：好的，莎拉。

莎拉：除非談話讓比較組的人都感興趣，否則那位會計師就錯了；除非談話讓比較組的人都覺得無聊，否則足球迷就錯了。但那不可能同時發生，所以不是會計師錯了，就是足球迷錯了。一定有人錯了。

查克：可是，是誰錯了？

莎拉：不重要啊，查克。不管是誰錯，那都不是你想要的那種完美的意見不合。在現實生活，我們也可能透過抽樣調查受眾反應，來找出誰是錯的。如果反應太過混雜，那可能兩個人都錯了。你想找個相對主義運作的簡單模型，好像不怎麼順利啊，不是嗎？

羅珊娜：查克的起點不斷被打破。

查克：羅珊娜，我太熱衷於玩妳的遊戲，玩得太起勁了。我試著讓相對主義簡單明瞭。但我學到教訓了：它永遠朦朧又複雜。**嚮往相對主義就會**

碰到這種事，簡單明瞭的敘述派**不上用場**，不過，那正是它適用於人生的徵兆。明確、簡單的概念是陷阱。

莎拉：別再強詞奪理了。那是在自暴自棄。科學已經證明簡單的法則可以解釋複雜的現象。我們可能永遠無法達到理想的簡單和明確，但那不代表我們不該試著盡我們所能去接近它。

查克：莎拉，妳還在假設越接近越好。我質疑這點。有時我們讓事情更朦朧、更複雜，就是瞭解得更深入。

羅珊娜：喜歡朦朧、複雜的人永遠可以說服自己，他們瞭解得更深入。

莎拉：科學承認這個世界充滿朦朧複雜的現象。科學予以尊重，堅持我們該仔細觀察、精確描述，做為鑑定和解釋潛在模式的第一步。這樣遠比用朦朧、複雜的方式討論來得公道。查克，例子是你選的，你的例子就是有明確、簡單又避開相對主義的理解方式，你無法反駁。

查克：那妳呢，莎拉？妳現在來自哪裡？之前，妳把道德問題相對化，因為那些無法用科學方法解決。現在，妳又把相對主義當成什麼髒東西嫌棄。

莎拉：老實說，我不確定。現在我仍覺得狹隘的相對主義看來沒什麼希望，但其他觀念也不怎麼妙。我想到科學，就沒辦法認真把道德討論當成事實描述看待，但當我想到那個打小孩巴掌的女人，我又沒辦法迴避科學。不過，至少我不會自稱我的亂成一團是問題的解答。

查克：莎拉，妳的「亂成一團」在妳看來可能不是一種「解答」，卻是妳和問題共處的方式。妳還是可以認真看待道德討論，只是不要當成**事實描述**就好呀。沒有必要這樣。那反而該是一種改變事實的方式。<u>如果我們只是談論道德卻不採取行動，道德又有何用？「打小孩巴掌是錯的」，這句話的意義是要阻止人們打小孩巴掌吧。</u>

莎拉：那對我來說還不夠好。<u>要是我不認為我是對的，那個媽媽錯了，我就不會覺得有資格過去阻止她了。</u>

鮑勃：功虧一簣。

莎拉：至少我試了。

查克：莎拉，妳先前不是堅持相對主義沒有蘊含包容嗎？

莎拉：我不是在講某些混亂的哲學理論可能有或可能

沒有蘊含什麼。我介入是因為我認為我知道她
打小孩巴掌是錯的，正如我認為我知道她已
經賞了他巴掌。如果我認為我知道的事情是假
象，那就會減損我行動的理由。

查克：所以莎拉，現在妳想要道德真理，也想要道德
　　　知識囉？

莎拉：是啊，不過我被兩邊拉扯。我不知道人可以怎
　　　麼分辨對錯。但如果「打小孩巴掌是錯的」只
　　　是一道阻止掌摑小孩的命令，它具有什麼樣的
　　　權威呢？人們為什麼該服從呢？

查克：是妳在發號施令欸，莎拉。

莎拉：是沒錯，但當我是發號施令的那個人，說我只是
　　　在服從命令，並不會突然成為一個更好的藉口。

查克：莎拉，叫人不要打她兒子，不能跟集中營衛兵
　　　的作為相提並論啦。

莎拉：當然不能。一般情況，我會說我們非常瞭解兩
　　　者的道德差異。但我一旦開始懷疑我們擁有道
　　　德知識，就覺得迷惘了。我似乎找不到充分的
　　　理由來介入他人生活、違反他人意願。

羅珊娜：妳為什麼認為道德知識難以獲得？

莎拉：想想看，<u>知道掌摑發生和知道掌摑是錯的之</u>

間，有莫大的不同。<u>掌摑是實質事件</u>。透過一般的視覺過程，那在我腦中引發各種效應，意即我看到它，知道它發生了。<u>而掌摑的錯誤不是實質事件。我看不到它，也不能靠其他感官感知，所以我要怎麼知道掌摑是錯的？</u>

羅珊娜：就連要知道掌摑發生，妳也必須能夠在看到掌摑的時候辨識出那是掌摑。

莎拉：當然。當我看到一起事件，我可以將它歸類為掌摑或非掌摑。我夠可靠，也有事實根據。

羅珊娜：妳確實目睹了一起事件，將它歸類為一起罪行（misdeed），也有事實根據。妳難道沒有辨識出那是一樁罪行嗎？

莎拉：這個嘛，我也希望自己一看到罪行就能辨識出來。但我不知道可以怎麼培養這種能力。

羅珊娜：掌摑和罪行之間有什麼妳覺得意義重大的差異？

莎拉：掌摑看起來都很類似。罪行則不然。

鮑勃：我看過很多掌摑。差別很大：多用力、打在哪裡、打的人是誰、挨的人是誰。

查克：而同一個掌摑，從不同觀點看來也不一樣。

莎拉：掌摑仍有普遍的物理相似性，罪行則不然。身體虐待和心理傷害看來截然不同。

**羅珊娜：**就算沒有普遍的物理相似性，妳還是可以分類事件。妳下西洋棋嗎？

**莎拉：**偶爾。為什麼這樣問？

**羅珊娜：**妳一看到「將死」（checkmate）*，就知道那是將死。所有將死的情況都有普遍的物理相似性嗎？

**莎拉：**沒有。有些「將死」看起來根本像「不是『將死』的局面」，而不是「實際上是『將死』的另一個局面」。場面和棋子的數目都不一樣，甚至棋子本身也不一樣，我就見過卡通人物造型的棋組。妳說得對，**我們有辦法辨識更抽象的感知模式**。但要在一看到罪行時就辨識得出來，這樣顯然還不夠。**一件事情是否為罪行，取決於比「將死」更多的背景因素**。犯重婚罪的人可能看來跟辦合法婚禮的人一模一樣。

**查克：**莎拉，如果雙方都成年且同意了，重婚有什麼問題呢？

**莎拉：**這樣的同意通常不是知情同意。總之，我想聽

---

＊在棋類遊戲中，一方的王、將、帥等最重要的棋子被逼至死路而無法解圍的情況。

聽羅珊娜對我的論點有什麼說法。

羅珊娜：我會找接近的例子。妳可以把事件歸類為所謂
　　　　的罪行或非罪行。我用「所謂」這個詞的意思
　　　　是妳會稱為罪行的事件，不管實際上它到底是
　　　　不是。

　莎拉：好。我依據我是否有類似的反應加以歸類。也
　　　　就是我在道德上是否覺得不贊同。

羅珊娜：對。

　莎拉：但根本問題是，我的道德贊同或不贊同是否具
　　　　有正當性！

羅珊娜：那等一下再說。現在，我並未假設妳的感覺具
　　　　有正當性。我只是允許妳有那些感覺。我的論
　　　　點應該沒什麼爭議。妳對所謂的罪行的反應，
　　　　會和其他事件不一樣，妳稱它為罪行就是一個
　　　　不同之處。相較於掌摑，所謂的罪行已經在妳
　　　　給大腦的輸入中形成高度抽象的模式。妳稱為
　　　　「身體虐待」的案例，看起來就跟妳稱為「心
　　　　理傷害」的案例截然不同。妳可以辨識出所謂
　　　　的罪行。所以，如果妳說罪行的模式太過抽象、
　　　　使妳無法辨識，那就太愚蠢了。

　莎拉：但是罪行跟「所謂的罪行」不一樣。我有時會

歸類錯誤。當我獲得的背景資訊有誤，我可能
會把重婚誤認為合法的婚禮，或把合法的婚禮
錯認為重婚。有些所謂的惡行不是惡行，有些
惡行不是所謂的惡行。

**羅珊娜：**當然。我從來沒有說它們一樣。妳要聽得更仔
細一<u>些</u>。我比較的重點只有這個：罪行和所謂
的罪行，在大腦的輸入訊息中會形成抽象程度
類似的模式。既然妳的大腦會敏銳地察覺到所
謂的罪行形成的模式，那<u>就</u>不要告訴我罪行形
成的模式對妳的大腦太過抽象。＊

---

＊審註：在這個討論中，莎拉和羅珊娜都同意「掌摑」是錯的，是罪行。首
先，莎拉討論的重點，在於她認為，辨認出發生一件「掌摑」的事件相當容
易，而辨認出「掌摑是錯的」或「掌摑是罪行」好像很困難，因為莎拉認為
不同的「掌摑」事件間有相當程度的相似性，但不同的「罪行」之間，好像
沒有什麼相似性，甚至在事件特性上差異極大，例如心理虐待和身體虐待是
相當不同的事件，因此很困惑我們如何把許多相當不同的事件都歸類為「罪
行」，以及我們如何實際上養成了把不同事件都歸類為「罪行」的能力。同
時她也疑惑，她對「罪行」的判斷，合不合理的基礎到底在哪裡。另一方
面，羅珊娜討論的重點，是想要指出，我們可把不同的東西歸為一類，不需
要依賴不同東西之間的相似性，例如，西洋棋中「將死」的各種情況，可以
非常不同也不相似，但都是「將死」。羅珊娜認為，既然莎拉可以對於「罪
行」做出判斷，代表我們腦中自然有一種判斷「罪行」的抽象原則，這種原
則並不是無法被我們掌握的。而至於對「罪行」的判斷是否恰當，那是另一
個議題。

莎拉：我保證不會那樣告訴妳。

羅珊娜：那就好。

> "
>
> 妳可以辨識出所謂的罪行。所以，如果妳
> 說罪行的模式太過抽象、使妳無法辨識，
> 那就太愚蠢了。
>
> "

莎拉：但我仍然擔心可不可靠的問題。在我所謂的罪行和真正的罪行之間，一開始是怎麼建立一種哪怕是半可靠的關聯？

鮑勃：妳爸媽沒教妳怎麼明辨是非嗎？

莎拉：他們當然有試著教過，但我的道德觀沒有完全跟他們一樣。話說回來，他們又是怎麼知道的？如果每一代都把責任推回給上一代，一切是怎麼開始的？

鮑勃：我以為妳會說演化。

莎拉：如果我們有道德觀，那一定以某種方式演化過。但為什麼演化要支持道德呢？演化並不在意對錯，它只在意適者生存和繁殖。

鮑勃：演化有在意什麼嗎？

莎拉：嚴格來說當然沒有。但明辨是非的能力，是怎麼提升我們演化的適存性的？

鮑勃：透過幫助彼此一起生活？如果我們繼續互相殺害，就無法存活下去了。有多少動物同類相殘呢？那應該是演化的結果。不過，人類比大多數動物還糟。

莎拉：我明白禁止殺人可能是怎麼演化的。但會變成那樣，是因為殺人通常對物種生存不利，而不是因為殺人是錯的。說不定殺人其實是對的，只是我們演化成認定它是錯的，所以不去殺人。**說不定我們稱為「罪行」的事情，其實根本不是罪行。可能是我們經過演化，才誤認為罪行。**

羅珊娜：那妳是否也主張，說不定我們稱為「掌摑」的事情，其實根本不是「掌摑」？我們有沒有可能是經過演化才誤認為掌摑？

莎拉：不，那樣就荒謬了。

羅珊娜：差別在哪裡？

莎拉：我不是對一切懷疑。我只在意像是非善惡這樣的道德特性。

羅珊娜：為什麼這些如此特別？

查克：羅珊娜、莎拉，醒醒！各個社會、個人、時代之間都有不可並存的道德差異，就證明世上沒有道德特性等著我們鑑定，像植物學家鑑定植物那樣。

莎拉：科學也有不能並存的差異啊。像鮑勃就永遠不會放棄他對巫術的信仰。

鮑勃：妳也永遠不會放棄妳對巫術的不信。

莎拉：有關巫術的事實是可以確知的。而關於演化，科學家和宗教基本教義派之間固然有不可並存的差異，但那無法阻止科學家探知演化故事的真相。只是關於道德的事情比較特殊，致使我產生懷疑。我不確定能否解釋得清楚。我們用「對」、「錯」等詞語呼應我們所處環境裡的各種樣態，就像我們用「掌摑」、「將死」和其他各種詞語一樣。<u>但「對」、「錯」之所以特別，是因為我們可以用它們來指引行動。</u>稱一項行動是「對」的就是開綠燈：去做。稱之為「錯」的就是給紅燈：停止。

查克：那就是我之前說的啊，莎拉。<u>道德論述是用來引導行動的。它不描述這個世界。</u>

莎拉：不對，它兩者都做。而那正是麻煩所在。稱一

項行動「對」或「錯」，是要冒上混淆因果的風
險的。

**鮑勃：**妳在講什麼啊？

**莎拉：**我會試著舉個例子。有些人認為女性受教育是
錯的。而對女性進行教育是真實存在的行為，
那些人看到時也能辨識出來。

**鮑勃：**任何人都看得出學生是男是女。

**莎拉：**但當我討論的那些人看到有個女孩在受教育，
他們就有理由說：「那是錯的。」然後他們的判
斷會產生作用，他們會試著阻止女孩受教育，
因為那被給了紅燈。因此，他們的判斷存在因
果不相稱，因為女性受教育不該被阻止。他們
應用道德條件的方式，會產生不恰當的因果關
係。我的問題是，我不知道該如何阻止道德判
斷的因果不相稱，不管是他們的或我們的。

**羅珊娜：**這個問題不限於道德論述，而可以延伸到所有
關於「做什麼」的論述。

**莎拉：**什麼意思？

**羅珊娜：**在解決任何實際的問題時，就算不涉及道德議
題，人們也會討論該怎麼做。他們對於該做什麼
的判斷，也可能有不恰當的因果關係。

莎拉：工程師造橋時得判斷該怎麼做，懷疑他們的判斷好像就不智了？

羅珊娜：妳要怎麼阻止妳的懷疑延伸到這樣的例子？

莎拉：讓我想想……也許差別在這裡：工程師說的話帶有條件，比如如果你希望橋不會倒，得做些什麼。這是達到目的的手段。道德禁令就不是這樣了。那些不帶條件，也不只是達到目的的手段。那個女的打她兒子巴掌是錯的，哪怕她就是存心傷害他。事實上，存心傷害他使這個行為又更糟了。

鮑勃：莎拉，如果我對妳理解正確的話──也可能不正確啦──**思考一般實際問題和思考對錯之間，應該沒辦法這麼乾淨區分吧？**對我來說，只想著「如果我想讓那些玫瑰盛開，我必須修剪那些玫瑰」是毫無用處的。即使我已經決定丟掉那些玫瑰的事，我還是可以那樣想。我只有這樣想：「我必須修剪那些玫瑰。」句號。沒有如果，沒有但是，否則我就不會抬起我的屁股，去外面動手修剪了。

莎拉：鮑勃，你真的很瞭解我。我明白你的意思。只用「如果這樣，那就那樣」思考事情的人是毫

　　　　　無決斷力的，就算那不是道德議題。要決定做
　　　　　什麼事，他們必須拋棄「如果」。話雖如此，
　　　　　實際層面和道德層面的行動還是有差。

鮑勃：如果妳一直把實際的東西擺在腦袋的一個區
　　　　塊，道德的東西擺在另一個區塊，妳能做出什
　　　　麼決定呢？妳得把它們擺在一起吧。如果那些
　　　　玫瑰是別人的，而他們不想修剪，我去修剪就
　　　　是錯的，不管我有多希望它們盛開；也知道除
　　　　非我去修剪，否則它們就不會盛開。

莎拉：你說得對，當我們決定要做什麼的時候，必須
　　　　結合實際考量和道德考量。如果分開考量，在
　　　　付諸行動的時候，就會有某一邊被排除在外了。

羅珊娜：所以妳要有完整的決策系統，道德思想是不可
　　　　　或缺的要素囉？

莎拉：是啊，不然，道德思想就毫無意義了。

羅珊娜：妳的懷疑態度只適用於道德部分，還是整個系
　　　　　統呢？

莎拉：懷疑整個系統是什麼意思？那是用來做決定，
　　　　不是做預測的。

羅珊娜：在決定要做什麼或不做什麼的時候，妳會做出
　　　　　事情將完成或不會完成的結論。比如，鮑勃在

決定不要修剪別人的玫瑰時，做出的結論就是
修剪玫瑰這件事不會完成。他的結論唯有在修
剪玫瑰這件事**不會完成**時才為真，而唯有在修
剪玫瑰這件事**完成**時才為假。我是問妳，妳是
懷疑鮑勃的結論，或只是懷疑他根據的道德假
設呢？

莎拉：喔，我懂了。**如果結論仰賴道德假設，而我懷**
**疑假設，那我最好連結論一起懷疑。**如果某個
關鍵因素功能不健全，那整個系統也無法正常
運作了。既然我們的道德觀是決策系統不可或
缺的要素，如果我懷疑我們的道德觀，那最好
也懷疑整個決策系統。

鮑勃：我又搞糊塗了。道德觀怎麼可能功能不健全呢？

莎拉：如果你的道德法則禁止穿衣服，那不只會引導
你做出道德有問題的行動，也會以其他實際的
方式打亂你的生活。

鮑勃：冬天來時你會凍死。

羅珊娜：所以莎拉懷疑我們整個決策系統嗎？

莎拉：那好像就太極端了？人似乎可以做出許多多少
算是正確的日常決策。雖然他們有時會做出自
我毀滅的行為，但多數時候不會。也許我根本

不該那麼懷疑我們的道德觀。

查克：莎拉，像妳這樣的可錯論者懷疑人類整體的決策，有什麼好大驚小怪的？從妳的觀點來看，我們人類行動成功的紀錄，是值得誇耀的事情嗎？

莎拉：當然不是。我們在決定要做什麼的時候會犯下許多錯誤。顯然如此。但我們能夠多少算是正確地做出許多單純的日常決定，不也顯而易見？

查克：「顯而易見」？那好像有點大言不慚啊？

莎拉：沒那麼糟啦。一個物種如果老是有成員做出亂七八糟的決定，是不可能存活下去的。老鼠就很擅長在日常生活做出務實的決定，人類為什麼該糟糕透頂？

查克：老鼠不必擔心道德啊，莎拉。牠們又沒在管善惡。

莎拉：你的意思是道德妨礙了良好的決策？道德無疑會有錯綜複雜的糾葛。**但演化不就證明我們道德觀念的影響，不至於引發太大的災難？**我們的物種活下來了，所以就算有道德負擔，我們的決策制定不可能太糟。我們在避免得出錯誤結論這方面，肯定比偶然性做得更好。

查克：莎拉，這點我同意，從妳所謂純務實的觀點來

看，我們在做決定時沒有比老鼠差多少。但既然我們都是人，妳要如何排除這種可能性：**就算依據所謂「真」的道德觀，我們的決定也可能釀成大錯？** 從妳的觀點來看，妳怎麼知道那不會叫我們的物種集體自殺呢？

鮑勃：若是如此，我寧可選擇不道德。

莎拉：查克，你這是在假設我有兩個截然不同的觀點：純務實的和道德的。如鮑勃所說，當我必須決定該做什麼時，這樣是行不通的。於是我將兩者整合為單一觀點。當我想要一艘船時，道德說我不能偷，務實說我不會造，所以我得改用買的。

鮑勃：妳是買得起。

莎拉：那是另一個實際考量。不管怎麼說，在決定要做什麼時，我們會結合道德考量和純實際考量。我們也會以同樣的方式評估別人的決定，或我們自己過去的決定。我們會判斷那些對於該完成什麼的決定正不正確。

查克：莎拉，那不就是再經歷一次一模一樣的決策過程，然後說它必然正確？

莎拉：不是。我們可以當事後諸葛。我們可以回頭用結果評判決定。那是獨立的驗證。

查克：莎拉，我們仍會用第一次做決定時所用的道德
　　　觀來評判結果。

莎拉：沒錯，除非我們改變觀念。不過就算沒有，事後
　　　回顧，我們也不見得會判定原本的決定正確。
　　　結果有時會顯示我們搞錯了。那就像科學。<u>我
　　　們會用科學來詮釋我們實驗的結果，但那不代表
　　　我們絕對不會承認實驗證明我們的理論為假。</u>

查克：莎拉，妳喜歡這種科學和決策過程的類比，對
　　　不對？

莎拉：是啊，我喜歡。在科學界，這點你可以相當有
　　　把握：如果在你的完整理論中，有某個構成要
　　　素假得無可救藥，那麼，完整的理論就會做出
　　　假的預言。就算你無法獨立驗證那個有瑕疵的
　　　要素，情況也是如此。同樣的道理也適用於我
　　　們的決策過程。而我們的道德觀是我們決策制
　　　定的一大要素。

鮑勃：聽起來好像在講車子。

莎拉：某種程度上是。道德就像煞車，不是 CD 播放
　　　器。它告訴我們不要去做某些事，像是殺人，
　　　而那是標準配備，不是額外的配件。

鮑勃：那樣的比喻我可以瞭解。但我們的決策過程怎

麼會像科學呢？那些方程式上哪兒去了？

莎拉：我們是以粗糙而現成的方式做決策，因為日常生活比科學實驗凌亂且不受控得多，日常思考也遠不如科學理論來得有系統和明確。但同樣的通則依然適用。當然，我們已經知道我們的決策包含許多瑕疵和錯誤。會做出虛假的預言並不意外。

鮑勃：什麼虛假的預言？

莎拉：明顯錯誤的決定，像是決定焚燒女巫。

鮑勃：我們別再講那個了。

莎拉：反正我把決策過程比作科學沒什麼問題就是了。**我們不是完全沒有能力決定要做什麼，而那仰賴我們的道德信念，所以我們的道德信念不大可能假到無可救藥。**

查克：莎拉，我得一直提醒妳道德有各種不相容的差異嗎？

莎拉：不用。那些道德不一致證明大多數——或許全部——社會和個人都有一些——或許很多——假的道德信念。這我不跟你爭。現在我是反對之前困擾我的劇本，也就是我們的道德完全與真理無關。正常人的道德不一致沒有極端到能確立那個劇本。

羅珊娜：科學也有各種不相容的差異。

查克：莎拉，我得說，妳對道德真理的說法，以及妳拿道德跟科學所做的比較，在我看來非常不恰當。道德不是冰冷、不近人情的東西。道德是關懷他人的不同方式啊。

莎拉：例如把人綁在柱子上活活燒死？

鮑勃：查克，莎拉是很有愛心的人。

莎拉：不管有沒有愛心，我都沒那麼容易受人影響。查克給了我靈感，讓我擴充道德和科學之間的類比。長期而言，<u>科學傾向修正它自己的錯誤。道德也是如此。長期而言，道德也傾向修正自己的錯誤。</u>所以我很樂觀。我期待科學進步，也期待道德進步。

鮑勃：比方說？

莎拉：我們都明白蓄奴是錯的了。

羅珊娜：無論如何，莎拉這一路進步很多。

鮑勃：我們都是啊，真是一場漫長的旅程。

莎拉：而走完這段旅程，相對主義依舊哪裡也去不了。

查克：那是妳的想法。從我的觀點來看，那一直穩步向前。好啦各位，認識你們真的非常開心，但在旅程結束前，我得去前面辦點急事。羅珊娜，我

仍希望有朝一日能解救妳脫離妳的邏輯束縛。

羅珊娜：那就像解救我脫離我骨骼的束縛。

查克：莎拉，我希望有朝一日妳能瞭解科學不是什麼都能解釋。

莎拉：查克，有朝一日科學將能解釋為什麼那麼多人希望科學不是什麼都能解釋。

查克：鮑勃，祝你的腿超快痊癒，也祝你和你的鄰居有天能相看兩不厭。

鮑勃：我才不會想盯著女巫看呢。

查克：我好想解構你的反應，但我得趕快離開了。羅珊娜、莎拉、鮑勃，再見囉！

莎拉：查克再見！

鮑勃：掰。

莎拉：可憐的查客，他好像一直搞不清楚狀況。

羅珊娜：從他自己的觀點來看，他一直搞得很清楚。

莎拉：他一直試著從我們的觀點搞清楚狀況，也難怪他會失敗。

羅珊娜：從他的觀點來看，他可以從我們的觀點搞清楚狀況。

鮑勃：他說「解構」是什麼意思？

羅珊娜：意思是他很想回嘴。

莎拉：噢，你們看！他在跟那個穿黑衣服的女人講話欸。

鮑勃：妳是說那個女巫？

莎拉：是她沒錯。

鮑勃：她剛經過這裡的時候，真的撿到他的頭髮了！
　　　他看起來是不是被迷住了？

莎拉：他講得興高采烈的。那算被迷住嗎？現在他們
　　　在看她的包包裡面，兩個人都笑了。

鮑勃：不好的徵兆。

莎拉：她看起來被迷住了。

羅珊娜：他總算幫他的二手車找到顧客了。

莎拉：希望她不會付太多錢。

鮑勃：如果車子壞掉，她可以隨時回火車上來。

莎拉：太神奇了，我們好像準時到達欸。

羅珊娜：不，我們遲了一分鐘。

莎拉：天開始黑了。

鮑勃：火車慢下來了。我們很快就要到站了。

莎拉：你們有看到那隻鳥從那棵樹飛走嗎？那是什麼
　　　鳥？

鮑勃：好像是貓頭鷹喔。

（全書完）

# 對與錯的真相
## 火車上的四人對話錄——我們如何更好地思辨？
## Tetralogue: I'm Right, You're Wrong

| | |
|---|---|
| 作　　者 | 提摩西‧威廉森 Timothy Williamson |
| 譯　　者 | 洪世民 |
| 審　　訂 | 王一奇 |

責任編輯｜黃筬荼 Bess Huang
責任行銷｜朱韻淑 Vina Ju
封面裝幀｜Bianco Tsai
內頁插畫｜Bianco Tsai
版面構成｜黃靖芳 Jing Huang
校　　對｜葉怡慧 Carol Yeh

發 行 人｜林隆奮 Frank Lin
社　　長｜蘇國林 Green Su

總 編 輯｜葉怡慧 Carol Yeh
主　　編｜鄭世佳 Josephine Cheng
行銷經理｜朱韻淑 Vina Ju
業務處長｜吳宗庭 Tim Wu
業務專員｜鍾依娟 Irina Chung
業務秘書｜陳曉琪 Angel Chen
　　　　　莊皓雯 Gia Chuang

發行公司｜悅知文化　精誠資訊股份有限公司
地　　址｜105臺北市松山區復興北路99號12樓
專　　線｜(02) 2719-8811
傳　　真｜(02) 2719-7980
網　　址｜http://www.delightpress.com.tw
客服信箱｜cs@delightpress.com.tw
I S B N｜978-626-7406-71-7
初版一刷｜2024年06月
建議售價｜新臺幣390元

本書若有缺頁、破損或裝訂錯誤，請寄回更換
Printed in Taiwan

國家圖書館出版品預行編目資料

對與錯的真相：火車上的四人對話錄：我們如何更好地
思辨？ / 提摩西.威廉森(Timothy Williamson) ; 洪世民
譯. -- 初版. -- 臺北市：悅知文化精誠資訊股份有限公司,
2024.06
　　面；　公分
譯自：Tetralogue : I'm right, you're wrong
ISBN 978-626-7406-71-7(平裝)
1.CST: 哲學 2.CST: 邏輯 3.CST: 通俗作品

100　　　　　　　　　　　　　　　　113006246

建議分類｜人文社科、哲學

Tetralogue: I'm right, You are wrong
Copyright © Timothy Williamson 2015
Published by arrangement with Oxford Publishing Limited
Through Andrew Nurnberg Associates International LTD.
ALL RIGHTS RESERVED

Tetralogue was originally published in English in 2015.
This translation is published by arrangement with
Oxford University Press. Systex(Delight Press) is solely
responsible for this translation from the original work
and Oxford University Press shall have no liability for any
errors, omissions or inaccuracies or ambiguities in such
translation or for any losses caused by reliance thereon.

悦知文化
Delight Press

# 我希望我每一個信念都是真的，但不可能我所有信念都是真的。

—————《對與錯的真相》

請拿出手機掃描以下QRcode或輸入
以下網址，即可連結讀者問卷。
關於這本書的任何閱讀心得或建議，
歡迎與我們分享 ☺

https://bit.ly/3ioQ55B